Salome Sartania

Abertura do véu societário ao abrigo do direito das sociedades inglês

ScienciaScripts

This book is a translation from the original published under ISBN 978-620-2-05467-6.

Publisher:
Sciencia Scripts
is a trademark of
Dodo Books Indian Ocean Ltd. and OmniScriptum S.R.L publishing group

120 High Road, East Finchley, London, N2 9ED, United Kingdom
Str. Armeneasca 28/1, office 1, Chisinau MD-2012, Republic of Moldova, Europe
Printed at: see last page
ISBN: 978-620-7-70521-4

ÍNDICE DE CONTEÚDOS:

<u>LISTA DE ABREVIATURAS</u>

Art(s).   **Article(s)**

EC   **European Commission**

ed.   **Edition**

EU   **European Union**

GUP   **Genuine Ultimate Purpose**

Id.   **Idem**

i.e.   **id est**

LLC   **Limited Liability Company**

No.   **Number**

OECD   **Organization for Economic Co-operation and Development**

UK   **United Kingdom**

UN   **United Nations**

US   **United States**

v.   **versus**

vol.   **Volume**

WFO   **Worldwide Freezing Order**

BIBLIOGRAFIA:

1. Livros didácticos:

A. Hicks & S.H. Goo, Cases and Materials on Company Law, 6th Edition, em 96, (2008).

D. French, S. Mayson & C. Ryan, Company Law, 27th ed, (2010).

D. Keenan & J. Bisacre, Smith & Keenan's Company Law, 13th edition, (2005).

D. L Perrott, Changes in Attitude to Limited Liability - the European Experience , in Orhnial, Tony (ed), Limited Liability and the Corporation, London and Canberra, Croom Helm, 81-121. (1982).

J.A.C. Thomas, Textbook of Roman Law, 381-83 (1976).

L. Sealy & S. Worthington, Cases and Materials in Company Law, 8th ed. (2008).

M.T.G. Medici, Limited Liability in Mediterranean Trade from the 12th to the 15th Century, in Orhnial, Tony (ed.), Limited Liability and the Corporation, London and Canberra, Croom Helm, 122-136, (1982).

Rt. Hon. Lord Cooke of Thomdon, Turning Points of the Common Law, (1997).

W.E Minchinton, *Chartered Companies and Limited Liability,* em Orhnial, Tony (ed), *Limited Liability and the Corporation,* Londres e Camberra, Croom Helm, 137-160, (1982).

2. Artigos, relatórios e discursos:

A. Blundell-Wignail, P. Atkinson e S. H. Lee , *The Current Financial Crisis: Causes and Policy Issues,* Financial Market Trends - ISSN 1995-2864 , OCDE, (2008).

B. C. Hutchinson & I. Langlois, *Salomon Redux: The Moralities of Business,* 35 Seattle U. L. Rev. 1109, (2012).

C.	Murphy, *An Analysis of the Financial Crisis of 2008: Causes and Solutions,* Universidade de Oakland - School of Business Administration, 4 de novembro (2008).

Nota de livro, *Applying Enterprise Principles to Corporate Groups,* 107 Harv. L. Rev. 1455, 1456

D.	Johnston, *The Development of Law in Classical and Early Medieval Europe: Limiting Liability: Roman Law and the Civil Law Tradition,* 70 Chi.-Kent L. Rev. 1515 (1994-1995).

E.	J. Morrissey, *Piercing All the Veils: Applying an Established Doctrine to a New Business Order,* 32 J. Corp. L. 529, (2006-2007).

D.L.Cohen, *Theories of the Corporation and the Limited Liability Company: How Should Courts and Legislatures Articulate Rules for Piercing the Veil, Fiduciary Responsibility and Securities Regulation for the Limited Liability Company?* 51 Okla. L. Rev. 427, (1998).

D. Millon, *Piercing the Corporate Veil, Financial Responsibility, and the Limits of Limited Liability,* Vol. 56, Emory L.J. at 1375, (2007).

D. Plesch & S. Blankenburg, *Corporate Rights and Responsibilities: Restoring Legal Accountability,* (2007).

D. W. Leebron, *Limited Liability, Tort Victims, and Creditors,* 91 Colum.L.Rev.1565 (1991).

Notes of Cases, *Multinationals and the Antiquities of Company Law,* 47 Mod. L. Rev. 87, em 90 (1984).

Relatório da CE sobre as pessoas colectivas 2000.

F.	H. Easterbrook & D. R. Fischel, *Limited Liability and the Corporation,* 52 U. Chi. L. Rev. 89, (1985).

G.	Andrews, *The Veil of Incorporation- Fiction or Facade?,* Business Law Review, Jan. 2004.

G.	Teubner, *Unitas Multiplex: Corporate Governance in Group Enterprises,* in REGULATING CORPORATE GROUPS IN EUROPE, (1990).

H.	Hansmann & R. H. Kraakman, *Toward Unlimited Shareholder Liability for Corporate Torts,* 100 Yale L.J.1879, at 1881, n.3, (1990-1991).

I.	Hansmann, R.Kraakman & R. Squire, *Law and the Rise of the Firm,* Harvard Law School John M. Olin Center for Law, Economics and Business Discussion Paper Series. Documento 546. (2006).

H.W. Sinn, *The End of the Wheeling and Dealing,* Financial Crisis, CESifo Forum, (4/2008).

J.	H. Matheson, *The Limits of Business Limited Liability: Entity Veil Piercing and Successor Liability Doctrines,* 31 Wm. Mitchell L. Rev. 411, (2004-2005).

J.R. Macey, *The Limited Liability Company: Lessons for Corporate Law,* 73 Wash. U.L.Q 433, (1995)

K.	Saville, *Sleeping Partnerships and Limited Liability,* Vol. 8 The Economic History Review, Second Series, 418, (1956).

L.	Toporowski, *Corporate Limited Liability and the Financial Liabilities of Firms,* 34 Cambridge Journal of Economics, 885-893, (2010).

M.	A. Strasser, *Piercing the Veil in Corporate Groups,* 37 Conn. L. Rev. 637, (2004-2005).

L.E. Ribstem, *The Emergence of the Limited Liability Company,* 51 Bus. Law. 1, (1995-1996).

N.	Gallagher & P. Ziegler, *Lifting the Corporate Veil in the Pursuit of Justice,* J. BUS. L. 292,293, (1990).

O.	Linklater, *"Piercing the Corporate Veil" - the Never Ending Story?,* Comp. Law, 27(3), (2006). M. Dearborn, *Enterprise Liability: Reviewing and Revitalizing Liability for Corporate Groups,* Vol. 97, Cal. L. Rev. 195, em 207, (2009).

P.   Moore, *"A Temple Built on Faulty Foundations": Piercing the Corporate Veil and the Legacy of Salomon v Salomon"*, J.B.L, Mar, 180-203, (2006).

Q.   Staniland, *What is Political Economy? A Study of Social Theory and Underdevelopment,* New Haven e Londres, Yale University Press, (1985).

R.   Hawke & P. Hargreaves, *"Corporate Liability: Smoke and Mirrors"*, ICC LR 2003, 14 (2), 75-78.

S.   A. Mark, *"The Personification of the Business Corporation in American Law"*, 54 U. Chi. L. Rev. 1441 (1987)

Relatório da OCDE de 2009, *Corporate Governance and the Financial Crisis: Key Findings and Main Messages,* em 8, junho (2009).

Relatório da OCDE, The Extent and Means of Misuse of Corporate Vehicles for Illicit Purposes, 2001.

O.Kahn-Fraud, *Some Reflections on Company Law Reform,* Vol.7, Mod. L. Rev. 54, [1944].

T.   D'Errico, *Corporate Personality ana Human Commodification,* 9 Rethinking MARXISM, Número 2, 99-113, (1996-1997).

U.   I. Blumberg, *Limited liability and Corporate Groups,* 11 J. Corp. L. 573, em 604 (1986)

V.   Muchlinski, *Limited liability and Multinational Enterprises: a Case for Reform?* 34 Cambridge Journal of Economics 915, (2010).

W.   A. Booth, *Limited Liability and the Efficient Allocation Of Resources,* 89 Nw. U. L. Rev. 140, (1994-1995).

R.R. Keatinge, L.E. Ribstein & S.P. Hamill, *The Limited Liability Company: A Study of the Emerging Entity,* 47 Bus. Law 375 (1992)

S.P. Hamill, *The Origins Behind the Limited Liability Company,* 59 Ohio St. L.J. 1459, em 1463, (1998).

Discurso do governador de Montana, Brian Schweitzer: *Brian Schweitzer, John Bohlinger React To Supreme Court Ruling On Political Spending Limits,* disponível em: **http://www.huffingtonpost.com/2012/Q6/25/brian-schweitzer-supreme- court n 1625154.html**

STAR Foundation Riverkeeper, *FINANCIAL INSECURITY: The Increasing Use of Limited Liability Companies and Multi Tiered Holding Companies to Own Nuclear Power Plants,* agosto, (2002).

T. K. Cheng, *The Corporate Veil Doctrine Revisited: A Comparative Study of the English and the U.S. Corporate Veil Doctrines,* 34 B.C. Int'l & Comp. L. Rev. 329, (2011).

Gabinete das Nações Unidas para o Controlo da Droga e a Prevenção do Crime, *Financial Havens, Banking Secrecy and AIoney-Lu^nder^ng,* ("Relatório da ONU de 1998").

V.   Harper Ho, *Theories of Corporate Groups: Corporate Identity Reconceived,* Seton Hall L. Rev., Vol. 42, Iss. 3, Artigo 2, (2012).

W.   Hillman, *Limited Liability in Historical Perspective,* 54 Wash. & Lee L. Rev. 615, (1997).

W.J. Carney, *Limited Liability,* 5620 Encyclopedia of Law and Economics, (1999).

W. J. McKibben, A. Stoeckel, *The Global Financial Crisis: Causes and Consequences,* Lowy Institute for International Policy, Working Papers in International Economics, n.° 2, (11/2009).

W. J. Rands, *Domination of a Subsidiary by a Parent,* Vol. 32, Ind. L. Rev. 421, (1999).

Comunicados de imprensa:

Comunicado de imprensa: *Três economistas de topo concordam que 2009 foi a pior crise financeira desde a Grande Depressão; os riscos aumentam se não forem tomadas as medidas correctas.* (29 de fevereiro de 2009). *Reuters, ava*ilable at http://www.reuters.com/article/2009/02/27/idUS193520+27-Feb-2009+BW20090227

Comunicado de imprensa; *Obama on Fixing "Culture of Irresponsibility",* (17 de junho de 2009), CBSNEWS, disponível em http://www.cbsnews.com/8301-503544_162-5093760-5Q3544.html, *última visita (14-07-2012).*

Comunicado de imprensa da Casa Branca, Presidente George W. Bush, *Increasing Affordable Housing and Expanding Home Ownership,* 2 de setembro (2004).

3. Legislação nacional:

REINO UNIDO

Projeto de lei sobre a responsabilidade das empresas de 2003, Reino Unido.

Lei de 1982 relativa à jurisdição civil e às decisões judiciais (C.27)

Lei dos Direitos do Trabalho de 1996 (c.18).

Lei da Responsabilidade Limitada, 1855,18 & 19 Viet., c. 133 (Eng).

Supreme Court Act 1981, UK Statute 1981 c. 54 Pt II c. 002 s. 37.

EUA

Wyo. STAT. §§ 17-15-101 a -136 (1989 & Supp. 1995).

4. Legislação secundária da UE:

(CE) n.º 44/2001 de 22 de dezembro de 2000.

(SR 0.275.11) de 16 de dezembro de 1988.

5. Tabela de casos:

Adams v Cape Industries PLC, [1990] Ch. 433.

Alliance Bank JSC contra Aquanta Corporation [2011] EWHC 3281.

Antonio Gramsci Shipping Corp e outros contra *Stepanovs* [2011] EWHC 333.

Apthorpe v Peter Schoenhofen Brewing Company [1899] 4 T.C. 41.

Bank of Tokyo Ltd contra Karoon [1987] AC 45n.

Beckett Investment Management Group Limited e outros contra Hall e outros [2007] EWCA Civ 613.

Caparo Industries v Dickman [1990] UKHL 2.

Chandler v Cape plc [2012] EWCA Civ 525

Craig contra Lake Asbestos of Quebec, Ltd, [1988] 843 F.2d 145.

Dadourian Group International Inc & Others v Simms & Others [2006] EWCA Civ 399.

DHN Food Distributors Ltd. contra Tower Hamlets London Borough Council [1976] 1 WLR 852 (A.C).

Faiza Ben Hashem v. Shayif e outros [2008] EWHC 2380 (Fam).

Gilford Motor Co Ltd v. Home [1933] Ch. 935 (A.C.) 954 (Eng.) em 943.

Gramophone & Typewriter Ltd v Stanley [1908] 2 KB 89.

Hitch v Stone [2001] STC 214.

In re (FG) Films [1953] 1 W.L.R. 483.

Jones v. Lipmann [1962] 1 W.L.R. 832 (Ch.) (Eng).

JSCBTA Bankv Solodchenko & Ors [2011] EWHC 2163 (Ch), [2012] 1 All ER 735.

Krivo Industrial Supply Company e Morgan Precision Parts, inc., et al.,v. National Distillers and Chemical Corporation 483 F.2d 1098, em 39. National Distillers and Chemical Corporation 483 F.2d 1098, em 39.

Lee v Lee's Air Farming Ltd [1961] A.C. 12, PC.

Lexi Holdings contra *Luqman e outros* [2010] All ER (D) 109 (maio).

Macaura v Northern Assurance Co Ltd [1925] AC 619, HL.

Mediterranean Shipping Company v. OMG International & Ors [2008] EWHC 2150 (Comm).

Motorola Credit Corporation v Uzan (No 2) [2003] All ER (D) 150 (Jun).

Re Bugle Press Ltd [1961] Ch 270.

Salomon v A Salomon & Co. Ltd [1897] AC. 22, HL.

Secretary of State for Trade and Industry v. Bottrill [1999] BCC 177.

Smith, Stone and Knight v Birmingham Corp [1939] 4 All E.R. 116 (K.B.).

Snook v London and West Riding Investments Ltd [1967] 2 Q.B. 786.

Stone & Rolls Ltd. v. Moore Stephens [2009] UKHL 39.

Trustor AB v Smallbone e outros [2001] WLR 1177 (Ch).

VTB Capital Plc v Nutriek International Corp e outros [2012] EWCA Civ 808.

Wallersteiner v Moir [1974] 1 W.L.R. 991 (A.C.).

Woolfson v. Strathclyde Regional Council [1978]S.C.(H.L.) 90.

Wright v. Atkyns ([1823] Turn. & R. 143, 37 E.R. 1051 at 157)

6. Jornais/revistas:

Instituto de Estudos Políticos, Top 200: The Rise of Corporate Global Power, 2001.

The Economist, 29 de janeiro de 2000.

INTRODUÇÃO

A doutrina do "Piercing the Corporate Veil" sempre foi uma questão controversa no âmbito do direito das sociedades inglês. No entanto, os recentes acórdãos dos tribunais ingleses sobre os casos de "corporate veil" agravaram ainda mais a controvérsia. O presente documento tentará demonstrar como as atitudes dos tribunais variaram em relação à doutrina em diferentes períodos de tempo. A avaliação de vários casos tornará óbvio que não existe um quadro regulamentar único estabelecido pelos tribunais ingleses para o levantamento do véu da sociedade.

O corpo da investigação efectuada será estruturado nos quatro capítulos seguintes. No primeiro capítulo, será explorada a evolução histórica da responsabilidade limitada no direito societário inglês e comparada com o sistema norte-americano, partindo do seu aparecimento na Europa, passando pela Revolução Industrial e chegando à realidade atual. Para além disso, será demonstrada a questão do incentivo ao risco no desenvolvimento deste veículo jurídico, seguindo-se a discussão do papel da responsabilidade limitada na recente crise financeira global. O segundo capítulo debruçar-se-á sobre a doutrina da "personalidade jurídica autónoma", o "piercing the corporate veil" e o princípio *de Salomon*. Em especial, a história destes princípios será dividida em três períodos cronológicos principais. O terceiro capítulo será dedicado a uma das questões mais problemáticas - o levantamento do véu nos grupos de empresas. Em especial, será ilustrada a forma como os grupos de sociedades são utilizados pelos accionistas/directores para evitarem responsabilidades e minimizarem os riscos. No quarto capítulo, serão apresentadas de forma mais clara as dificuldades práticas do levantamento do véu das sociedades e será dado um exemplo específico que envolve o instituto do trust.

O objetivo desta investigação é analisar de que forma os conceitos de responsabilidade limitada e de personalidade jurídica distinta proporcionam aos investidores um escudo contra as suas actividades irresponsáveis. Este trabalho explorará ainda as circunstâncias em que os tribunais ingleses levantam o véu das sociedades. A tese centrar-se-á nos problemas existentes em matéria de levantamento do véu em sociedades individuais, grupos de sociedades e casos relacionados com trustes e tentará responder a que princípio os tribunais devem seguir em termos de levantamento do véu na ausência de uma estrutura regulamentar única.

CAPÍTULO 1

A RESPONSABILIDADE LIMITADA NUMA PERSPECTIVA HISTÓRICA

1.1.   A primeira aparição da responsabilidade limitada

O conceito de responsabilidade limitada tem uma longa e prolongada história de desenvolvimento, desde a Roma Antiga até ao final do século XIX. Na Roma Antiga, a responsabilidade era geralmente ilimitada, mas existiam indícios de desenvolvimento da responsabilidade limitada. O direito romano reconhecia a responsabilidade por actos ilícitos como uma exceção limitada à responsabilidade ilimitada.[1] Esta responsabilidade indireta foi estritamente interpretada como uma limitação da autoridade do agente e levou à criação de um certo nível de responsabilidade limitada *de facto*.[2]

O conceito de responsabilidade limitada continuou a desenvolver-se na Itália medieval. As versões continental e medieval italiana da responsabilidade limitada tiveram a sua origem no comércio marítimo, sob a forma de *commenda,* que previa a responsabilidade dos investidores apenas na medida do seu capital contribuído e que não tardou a aparecer nas empresas do interior.[3] Assim, os investidores passivos gozavam de responsabilidade limitada, o que conferia à *commenda* quase as mesmas características da responsabilidade limitada atual.[4] É também de salientar que *a commenda* nunca existiu em Inglaterra.[5]

Foi só na década de 1780 que as cláusulas de responsabilidade limitada apareceram nas sociedades anónimas. Estas cláusulas limitavam a responsabilidade dos accionistas ao valor das suas acções na sociedade.[6] Oficialmente, a responsabilidade limitada foi estabelecida no Reino Unido pela Lei da Responsabilidade Limitada de 1855.[7]

A introdução do conceito de responsabilidade limitada deveu-se principalmente à evolução política e económica provocada pela Revolução Industrial, que teve início no século XVIII no Reino Unido. A luta para obter privilégios para a responsabilidade limitada dos accionistas na era das grandes transformações económicas foi muito longa. Por fim, o surgimento da responsabilidade limitada acabou por ser uma interação entre as inovações tecnológicas seguidas pela Revolução Industrial, os lobbies políticos e os objectivos comerciais dos empresários.

A Revolução Industrial, que começou no Reino Unido e mais tarde se espalhou por todo o mundo, transformou a sociedade e o comércio mundiais através de inovações tecnológicas. A Revolução atingiu todas as esferas da sociedade e alterou o nível de vida através do aumento do rendimento e da produtividade. A

---

[1] R.W. Hillman, *Limited Liability in Historical Perspective,* 54 Wash. & Lee L. Rev. 615, em 616 (1997). *Ver também* (J.A.C. Thomas, Textbook of Roman Law, 381-83 (1976)).

[2] W.J. Carney, *Limited Liability,* 5620 Encyclopedia of Law and Economics, em 660 (1999). *Ver também* (D. Johnston, *The Development of Law in Classical and Early Medieval Europe: Limiting Liability: Roman Law and the Civil Law Tradition,* 70 Chi.-Kent L. Rev. 1515 (1994-1995)).

[3] *Ver* Carney, nota 2 *supra, p.* 660. *Ver também* (M.T.G. Medici, *Limited Liability in Mediterranean Trade from the 12th to the 15th Century,* in Orhnial, Tony (ed.), *Limited Liability and the Corporation,* London and Canberra, Croom Helm, 122-136, (1982)) (D. L Perrott, *Changes in Attitude to Limited Liability - the European Experience ,* in Orhnial, Tony (ed), *Limited Liability and the Corporation,* London and Canberra, Croom Helm, 81-121. (1982)).

[4] *Ver* Hillman, nota 1 *supra, p.* 623.

[5] *Ver* Carney, nota 2 *supra, p.* 661.

[6] *Id.,* em 661. *Ver também* (W.E Minchinton, *Chartered Companies and Limited Liability,* em Orhnial, Tony (ed), *Limited Liability and the Corporation,* London and Canberra, Croom Helm, 137-160, (1982)).

[7] Lei da Responsabilidade Limitada, 1855,18 & 19 Viet., c. 133 (Eng.).

lógica económica, o lobbying político dos industriais enriquecidos e outros factores contribuíram para a crescente procura de privilégios para os accionistas. Assim, como resultado de uma luta política e económica, a responsabilidade limitada surgiu no século XIX para estimular a atividade económica, encorajando o investimento generalizado em acções de empresas.[8]

1.2. O papel do incentivo ao risco

O papel do Estado na promoção da responsabilidade limitada foi bastante notável. Os Estados viram a necessidade de apoiar o desenvolvimento de sectores industriais como os caminhos-de-ferro, os navios a vapor, os canais, as minas, as estradas, etc. Embora estas inovações exigissem grandes quantidades de capital, os empresários privados mostraram-se muitas vezes relutantes em emprestar dinheiro dos seus recursos pessoais para fomentar a produção industrial sem garantias de retorno. A necessidade de inovações para fins públicos continuou a ser crucial para os Estados. Assim, tornou-se inevitável que o Estado introduzisse um novo veículo empresarial que garantisse aos accionistas que o risco que corriam perante os credores da empresa e terceiros nunca ultrapassaria a sua contribuição de capital. O facto de os investidores estarem protegidos pelo escudo da responsabilidade limitada e, por conseguinte, não correrem riscos com o seu património pessoal, tornou as suas actividades menos arriscadas e resultou em vastos investimentos em diversos sectores. Os activos pessoais dos investidores eram inacessíveis aos créditos dos credores, o que os incentivava a tomar decisões mais ousadas.

Outra razão que estimulou os investidores a assumirem mais riscos nas sociedades de responsabilidade limitada do que nas ilimitadas foi a sua falta de capacidade para controlar e operar a gestão quotidiana da empresa. Em geral, o envolvimento dos investidores nas operações da empresa assumia a forma de uma entrada de capital, que lhes conferia autoridade de propriedade e meros direitos de credores residuais. Por conseguinte, a separação entre a propriedade e o controlo da empresa enfraqueceu o poder dos investidores na governação da sociedade. Apesar disso, os investidores continuaram a ser os principais portadores de riscos na sociedade. Deste ponto de vista, a responsabilidade limitada, com as suas características, constituía o veículo jurídico ideal para os investidores, os Estados e a indústria promoverem a inovação e obterem mais lucros em troca de menos responsabilidades.

Quanto menor fosse o risco dos investidores, mais eles poderiam investir. Por outro lado, em caso de responsabilidade ilimitada, os accionistas teriam de controlar não só o risco incorrido pela sociedade, mas também pelos restantes accionistas. No final, isto teria aumentado o risco e o custo do investimento, uma vez que teriam de determinar se os outros accionistas poderiam ou não suportar o risco que eles tinham assumido. É por isso que a fórmula da responsabilidade limitada se tornou um privilégio importante para os empresários, incentivando-os a assumir riscos.

Os investidores tinham agora a possibilidade de prever o montante máximo de perdas em que poderiam incorrer numa situação financeira ou jurídica mais grave. Esta previsibilidade tornava-os mais corajosos.

---

[8] P. Muchlinski, *Limited liability and Multinational Enterprises: a Case for Reform?* 34 Cambridge Journal of Economics 915, at 916 (2010), *Ver também* (P. I. Blumberg, *Limited liability and Corporate Groups,* 11 J. Corp. L. 573, em 604 (1986)).

No final do século XIX, assistiu-se a uma enorme ascensão do poder das empresas. Estas transformaram-se em grandes instituições com um capital cada vez maior e exerceram uma influência imensa no Estado e na sociedade. Em 1900, Frederic William Maitland referiu que:

> [Na segunda metade do século XIX, os grupos societários dos mais variados tipos têm-se multiplicado em todo o mundo a um ritmo muito superior ao aumento das pessoas singulares, e uma grande parte de toda a nossa legislação mais recente é legislação relativa a sociedades.[9]

Assim, a ligação entre a Revolução Industrial e o desenvolvimento da responsabilidade limitada foi muito estreita. Por um lado, o aparecimento da responsabilidade limitada foi consideravelmente forçado pela necessidade de capital barato durante a Revolução Industrial. Por outro lado, o progresso económico resultante da Revolução foi mais acelerado com a introdução deste novo veículo jurídico.

No início do século XX, a responsabilidade limitada das empresas era referida pelo Presidente Butler da Universidade de Columbia como

> "a maior descoberta individual dos tempos modernos" e que "mesmo o vapor e a eletricidade são muito menos importantes do que a sociedade de responsabilidade limitada, e seriam reduzidos a uma importância comparativa sem ela".[10]

No entanto, os académicos encararam as origens da responsabilidade limitada sob várias perspectivas históricas diferentes. Alguns pensavam que a responsabilidade limitada não era um incentivo da Revolução Industrial, nem uma parte essencial do sistema económico capitalista; mais ainda, a atividade industrial floresceu sob uma regra jurídica que impunha a responsabilidade aos accionistas.[11]

Outros criticaram este ponto de vista e argumentaram que, devido à ausência de responsabilidade limitada em Inglaterra, os investimentos foram significativamente reduzidos, o que teve como consequência a obtenção de um elevado montante de empréstimos do governo sul-americano.[12] Ou seja, os investidores escolheram empréstimos mais seguros do governo sul-americano em vez de investimentos arriscados em empresas que não previam a responsabilidade limitada em Inglaterra.

Só mais de cem anos após o início da Revolução Industrial e décadas depois de ter sido introduzida nos Estados Unidos é que a responsabilidade limitada teve o seu êxito final.[13] Apesar do facto de a Inglaterra estar mais avançada em termos de industrialização do que os Estados Unidos, no início do século XIX, ficou atrás dos Estados Unidos no desenvolvimento da responsabilidade limitada.[14]

Forbes sugere duas explicações para o aparecimento tardio da responsabilidade limitada em Inglaterra, em comparação com os Estados Unidos. A primeira é que a responsabilidade limitada não era tão apelativa para os industriais ingleses como era para os americanos e outra explicação é a falta de concorrência

---

[9] P D'Errico, *Corporate Personality fica Humon Comoodification,* 9 Rethinking MARXISM, Number 2, 99-113, *fi* 1996-1997). *fice filca* CO. A. Mark. *fiCa ficrtonififathon of the Business Corporation in American Law.* 54 U. Chi. L. Rev. 1441 (1987))

[10] J. H. Matheson, *The Limits of Business Limited Liability: Entity Veil Piercing and Successor Liability Doctrines,* 31 Wm. Mitchell L. Rev. 411, em 419 (2004-2005).

[11] P. I. Blumberg, *Limited Liability and Corporate Groups,* 11 J. Corp. L. 573, em 585 (1986).

[12] *Id.,* em 585.

[13] *Id,* em 585.

[14] *Ver* Carney, nota 2 *supra, p.* 663.

jurisdicional em Inglaterra do que a que existia nos Estados Unidos.[15] No entanto, nenhuma das explicações é convincente, uma vez que as empresas inglesas se registavam ao abrigo da legislação francesa e americana nessa altura.[16]

É significativo que os accionistas não tenham sido os primeiros investidores a beneficiar da proteção da responsabilidade limitada. Com a legislação que criou as empresas individuais e, posteriormente, com os Companies Acts da década de 1860 no Reino Unido, os bancos e os detentores de obrigações, que eram considerados detentores de dívidas de uma empresa, nunca foram responsáveis pelas suas dívidas residuais,[17]

Se olharmos para trás, para a história das entidades empresariais com responsabilidade limitada nos Estados Unidos da América, apercebemo-nos de que os interesses empresariais privados foram o principal impulso para o aparecimento das sociedades de responsabilidade limitada (LLC) nos Estados Unidos. O nascimento da responsabilidade limitada na América está ligado a necessidades específicas de clientes que existiam para colmatar as lacunas de um sistema jurídico falhado: em 1970, um explorador de petróleo independente, a Hamilton Brothers Oil Company (mais tarde designada por "Hamilton Brothers"), teve mais oportunidades na exploração internacional de petróleo e gás e quis limitar as possíveis perdas decorrentes dessa aventura.[18]

Os Hamilton Brothers fizeram um lobby para convencer a Assembleia Legislativa do Alasca a promulgar o primeiro estatuto nacional de sociedade de responsabilidade limitada.[19]

No entanto, a tentativa de lobbying dos irmãos Hamilton não teve sucesso imediato. Os projectos de lei do Alasca falharam duas vezes por razões políticas não relacionadas com as propostas[20] e foram precisos três anos e meio para obterem êxito quando levaram o projeto de lei para o Wyoming. Assim, o primeiro estatuto da LLC foi adotado no Wyoming em 1977.[21]

Onze anos após a introdução do estatuto do Wyoming, em 1988, apenas um Estado americano (a Florida) o tinha adotado e, no final de 1994, tinham sido promulgados quarenta e seis estatutos adicionais e tinham sido constituídas dezenas de milhares de LLC.[22] No entanto, o Estatuto de LLC do Wyoming não parecia ser o ideal para resolver os problemas antigos. A LLC do Wyoming carecia de continuidade de vida, uma vez que, ao abrigo do estatuto do Wyoming, a LLC podia ser dissolvida em caso de morte, reforma, demissão, insanidade, falência ou expulsão de qualquer membro.[23] Além disso, nos termos do estatuto da LLC do Wyoming, as actividades dos membros no âmbito da LLC estavam limitadas pelo requisito da unanimidade, segundo o qual não podiam transferir os seus interesses, direitos de voto e direitos económicos, na ausência

---

[15] *Id,* em 663.

[16] *Id.,* em 663. *Ver também* (J. Saville, *Sleeping Partnerships and Limited Liability,* Vol. 8 The Economic History Review, Second Series, 418, em 429, (1956)).

[17] J. Toporowski, *Corporate Limited Liability and the Financial Liabilities of Firms,* 34 Cambridge Journal of Economics, 885-893, em 885 (2010).

[18] S.P. Hamill, *The Origins Behind the Limited Liability Company,* 59 Ohio St. L.J. 1459, em 1463, n 12, (1998).

[w] *Id,* em 1463.

[20] *Id.,* em 1465.

[21] Wyo. STAT. §§ 17-15-101 a -136 (1989 & Supp. 1995).

[22] L.E. Ribstein, *The Emergence of the Limited Liability Company,* 51 Bus. Law. 1, em 3, (1995-1996);

[23] *Ver* Hamill, *supra* nota 18, em 1470.

do consentimento de todos os membros.[24] Por conseguinte, estes veículos jurídicos não ofereciam a proteção completa da responsabilidade limitada que os accionistas e os irmãos Hamilton tentavam obter.

No seu artigo, David L. Cohen sublinha que a história americana ilustra a tensão entre dois objectivos contraditórios que a sociedade americana estabeleceu para as empresas: por um lado, o esforço da nação para promover a maximização eficiente da riqueza e, por outro, uma luta pelo controlo das empresas para proteger os que perderam com a criação dessa riqueza. O académico argumenta que os americanos nunca conseguiram encontrar o equilíbrio entre esses dois objectivos.[25]

A introdução da responsabilidade limitada foi um duro golpe para os credores. A responsabilidade limitada aumentou os riscos dos credores, uma vez que os únicos custos que os investidores tiveram de suportar foram os custos dos empréstimos que lhes foram contraídos. [26] Por outras palavras, os credores passaram a ser também portadores de riscos elevados. No entanto, podem ser encontradas algumas alternativas legais para proteger os credores da blindagem das entidades.

Os credores podem encontrar proteção das seguintes formas: a) os credores contratuais podem negociar garantias pessoais; b) é sempre mais fácil para os credores extracontratuais convencerem o tribunal de que os accionistas-operadores participaram em actos ilícitos; c) os credores contratuais podem recusar-se a celebrar contratos sem terem acesso a todo o património de um acionista.[27] Para além disso, toda esta cadeia de circunstâncias permite que os chamados "credores mais frouxos" tirem partido de outras situações para se eximirem a responsabilidades pessoais.

Atualmente, a responsabilidade limitada é a forma mais popular e difundida de uma empresa que permite aos investidores conduzir uma atividade de forma consistente e segura. Nenhuma outra forma de organização empresarial oferece tantas vantagens aos investidores como a responsabilidade limitada. A responsabilidade limitada oferece aos gestores e investidores proteção contra a responsabilidade, não só pelas dívidas e obrigações da empresa, mas também pelas obrigações contratuais ou extracontratuais assumidas por outros membros da empresa, abrangendo mesmo as obrigações assumidas no âmbito das actividades comerciais normais da empresa.[28]

No entanto, uma moeda tem duas faces e se, por um lado, as sociedades de responsabilidade limitada constituem um bom incentivo para a mobilização de capitais, encorajando o investimento e reduzindo os custos de controlo, por outro lado, uma assunção excessiva de riscos pode ter efeitos prejudiciais. O mundo assistiu a um desses efeitos perigosos em 2008, na sequência da crise financeira mundial.

1.3 A responsabilidade limitada e a recente crise financeira

É interessante explorar a forma como a responsabilidade limitada contribuiu para a crise financeira global de 2008, que é considerada por muitos economistas como a pior crise financeira desde a Grande

---

[24] *Id.,* em 1470.

[25] D.L.Cohen, *Theories of the Corporation and the Limited Liability Company: How Should Courts and Legislatures Articulate Rules for Piercing the Veil, Fiduciary Responsibility and Securities Regulation for the Limited Liability Company?* 51 Okla. L. Rev. 427, em 430, (1998).

[26] J.R. Macey, *The Limited Liability Company: Lessons for Corporate Law,* 73 Wash. U.L.Q 433, em 438 (1995).

[27] R. A. Booth, *Limited Liability and the Efficient Allocation Of Resources,* 89 Nw. U. L. Rev. 140, em 143, (19941995).

[28] *Ver* Macey, nota 26 *supra, p.* 447.

Depressão da década de 1930. [29] Mesmo os montantes excessivos gastos na recuperação revelaram-se insuficientes para resolver esta crise. [30] "A crise em si não foi independente, mas teve origem nas distorções e incentivos criados por acções políticas passadas."[31]

[A]drian Blundell-Wignall e Paul Atkinson explicaram a atual crise financeira como sendo causada a dois níveis: por políticas macro globais que afectam a liquidez e por um quadro regulamentar muito deficiente que, longe de atuar como segunda linha de defesa, contribuiu de facto para a crise de formas importantes.[32]

O cerne da crise reside, de facto, nas disposições legais da responsabilidade limitada, uma vez que os credores das empresas não têm direitos pessoais sobre os activos dos proprietários dessas empresas e a irresponsabilidade sistemática resulta em enormes perdas.[33] De acordo com um dos académicos, Hans-Werner Sinn, a responsabilidade limitada pode tornar-se um problema porque incentiva os empresários a tornarem-se jogadores.[34] No seu discurso, em junho de 2009, o Presidente dos Estados Unidos, Barack Obama, afirmou que um dos principais incentivos à recessão económica era "a cultura da irresponsabilidade", que "criou raízes de Wall Street a Washington". [35] Actividades imprudentes, práticas de alto risco, fracos requisitos de liquidez e um quadro regulamentar deficiente, especialmente num sector económico tão poderoso como a banca, tiveram um efeito relevante no resultado final.

O sector bancário foi um dos principais iniciadores e aceleradores da crise financeira. A crise financeira nesta área foi constituída por vários factores imprevisíveis que entraram em jogo com base em pressupostos irrealistas. O longo período de taxas de juro baixas da Reserva Federal dos EUA conduziu à chamada "bolha imobiliária"[36] , que resultou da combinação de taxas de juro baixas, de fracos padrões de assunção de riscos e de uma procura crescente.

Uma vez que a compra de imóveis sempre foi considerada um investimento mais sensato do que gastar dinheiro em rendas, as baixas taxas de juro aumentaram ainda mais a procura de empréstimos à habitação por parte dos americanos.

Este aumento da procura de casas provocou um aumento significativo dos preços das casas. Os bancos começaram a oferecer créditos baratos e a baixar os critérios de concessão de empréstimos. Este facto incentivou as pessoas a contraírem mais empréstimos do que podiam pagar. No final, os mutuários acabaram por não conseguir pagar os empréstimos e aperceberam-se de que os empréstimos eram mais elevados do que

---

[29] Comunicado de imprensa: *Três economistas de topo concordam que 2009 foi a pior crise financeira desde a Grande Depressão; os riscos aumentam se não forem tomadas as medidas correctas.* (29 de fevereiro de 2009). *Reuters,* disponível em http://www.reuters.com/article/2009/ 02/27/ idUS193520 +27-Feb-2009+BW20090227. *última visita (30-07-2012).* (Três economistas de renome - Roubini, Rogoff e Behravesh discutem o futuro da economia mundial).

[30] A. Murphy, *An Analysis of the Financial -risis of 2008: -auses and Solutions,* Universidade de Oakland - School of Business Administration, 4 de novembro, p. 61, (2008).

[31] A. Blundell-Wignall, P. Atkinson e S. H. Lee , *The Current Financial Crisis: Causes and Policy Issues,* Financial Market Trends - ISSN 1995-2864 , OCDE, at 2, (2008).

[32] *Id.,* em 2.

[33] H.W. Sinn, *The End of the Wheeling and Dealing,* Financial Crisis, CESifo Forum, at 3, (4/2008).

[34] *Id.,* em 3.

[35] Press Release: *Obama on Fixing "Culture of Irresponsibility",* (17 de junho de 2009), CBSNEWS, disponível em http://www.cbsnews.com/ 8301-503544 162-5093760-503544.html, *última visita (14-07-2012).*

[36] W. J. McKibben, A. Stoeckel, *The Global Financial Crisis: Causes and Consequences,* Lowy Institute for International Policy, Working Papers in International Economics, n.º 2, at 7. (11/2009).

o preço das suas hipotecas. Assim, as condições de crédito facilitadas, "o 'sonho americano' da Administração Bush[37] propostas de hipotecas com capital zero",[38] empréstimos descontrolados, um grande número de clientes com um historial de crédito deficiente, a queda do mercado imobiliário, a bolha imobiliária nos Estados Unidos, falhas na governação das empresas - tudo isto teve um efeito dominó, que acabou por contribuir para o colapso financeiro global. Apesar de todas as consequências negativas da responsabilidade limitada acima referidas, os argumentos a favor da mesma parecem ser muito mais fortes do que os que lhe são contrários.

Na perspetiva de alguns académicos, a responsabilidade limitada é uma forma mais adequada para as grandes empresas com maior capital do que para as pequenas actividades empresariais. No entanto, o problema da responsabilidade continua a ser um problema, mesmo nas empresas com poucos investidores. De acordo com vários académicos, as disposições em matéria de responsabilidade são exatamente os elementos essenciais que distinguem a sociedade de responsabilidade limitada das sociedades em nome coletivo e das sociedades em comandita simples, uma vez que nestas últimas os sócios são geralmente responsáveis pelas dívidas da sociedade.[39]

Ao comparar as vantagens das sociedades anónimas com outras formas de organização empresarial, podem ser identificadas cinco características principais: a) personalidade jurídica distinta; b) responsabilidade limitada (proteção da entidade); c) propriedade dos investidores; d) gestão delegada; e) acções transferíveis (na ausência de responsabilidade limitada, haverá uma incerteza total quanto ao risco de responsabilidade ao transferir acções dos antigos para os novos accionistas).[40]

Entre estas características, a principal, mas bastante importante, é a redução dos custos de controlo da gestão e a imortalidade da empresa. De acordo com F. Easterbrook e D. Fischel, existem várias razões para que a responsabilidade limitada, como afirmam, seja coerente com o objetivo de uma afetação eficiente dos recursos.[41]

Uma dessas razões é o facto de a responsabilidade limitada incentivar "o surgimento de um mercado eficiente".[42] A ideia é que, se os investidores tivessem de pagar mais do que os seus investimentos, os preços das acções seriam estimados não só pela perspetiva de lucro, mas também pela perspetiva de perdas.[43] Assim, estas características-chave representam a principal vantagem que torna uma sociedade atractiva e incentiva os investidores a iniciarem a atividade.

No entanto, a questão de saber se a responsabilidade limitada traz sempre uma vantagem continua a ser uma questão crucial. Um estudo mais aprofundado dos princípios fundamentais do direito das sociedades inglês e a análise de processos judiciais de referência, apresentados nos capítulos seguintes, permitirão ao leitor dar resposta à questão acima referida. Em particular, esclarecerá a questão de saber se o direito das sociedades

---

[37] Comunicado de imprensa da Casa Branca, Presidente George W. Bush, *Increasing Affordable Housing and Expanding Home Ownership,* 2 de setembro (2004).
[38] *Ver* Blundell-Wignail *et al,* nota 31 *supra, p.* 3.
[39] *Ver* Macey, *supra* nota 26, em 447. *Ver também* (R.R. Keatinge, L.E. Ribstem & S.P. Hamill, *The Limited Liability Company: A Study of the Emerging Entity,* 47 Bus. Law 375 (1992)).
[40] H. Hansmann, R. Kraakman & R. Squire, *"Law and the Rise of the Firm",* Harvard Law School John M. Olin Center for Law, Economics and Business Discussion Paper Series. Documento 546. (2006).
[41] *Ver* Booth, nota 27 *supra, p.* 143.
[42] *Id.,* em 145.
[43] *Id.,* em 145.

inglês trata adequadamente todas estas questões e se os tribunais devem alargar a responsabilidade com base na teoria de que uma empresa deve suportar os seus próprios custos.[44]

---

[44] *Ver* Booth, *supra* nota 27, em 140. *Ver também* (D. W. Leebron, *Limited Liability, Tort Victims, and Creditors,* 91 Colum.L.Rev.1565 (1991)).

CAPÍTULO 2

O VÉU EMPRESARIAL NO DIREITO DAS SOCIEDADES INGLÊS

Não será altura de saber quando é que uma empresa é uma "farsa" e quando é que o véu da personalidade jurídica pode ser "posto de lado"? "[45]

2.1. O princípio da "personalidade jurídica distinta" e os seus limites

A história do direito das sociedades inglês em diferentes períodos cronológicos demonstra diferentes atitudes em relação ao seu princípio fundamental de "personalidade jurídica autónoma". No capítulo anterior, foi possível identificar que uma das consequências da responsabilidade limitada é a "personalidade jurídica autónoma" que uma sociedade adquire.[46] De acordo com este princípio, uma sociedade tem uma natureza dupla - representa uma associação dos seus membros e, ao mesmo tempo, é uma pessoa distinta dos seus membros.[47] A doutrina da "personalidade jurídica distinta" foi aprovada num dos processos mais importantes: *Salomon v A Salomon & Co. Ltd*[48] , tornando-se a verdadeira pedra angular do direito das sociedades inglês. As seguintes palavras de Lord McNaughton, proferidas no acórdão *Salomon,* estão no cerne do direito das sociedades inglês:

> [A sociedade é, por lei, uma pessoa completamente diferente dos subscritores do ato constitutivo; e, embora possa acontecer que, após a constituição, a atividade seja exatamente a mesma que era antes, e as mesmas pessoas sejam gerentes, e as mesmas mãos recebam os lucros, a sociedade não é, por lei, o agente dos subscritores ou o seu mandatário. Os subscritores, enquanto sócios, também não são responsáveis, sob qualquer forma, exceto na medida e nos termos previstos na lei.[49]

Assim, a produção da empresa, os seus bens, direitos e obrigações pertencem à própria empresa como pessoa artificial distinta e não aos seus directores ou accionistas. No entanto, o princípio da "personalidade jurídica autónoma", também conhecido como princípio *de Salomon,* nem sempre apoia o Tribunal na realização da justiça. Em muitos casos, a promoção da justiça obriga o Tribunal a ignorar o princípio de *Salomon* e a olhar para além dele. A razão para tal é que o conceito de separação entre uma empresa e os seus membros se tornou um dispositivo para muitos accionistas e administradores perpetrarem fraudes e farsas. Tornou-se uma "tática utilizada pelo poder judicial de forma flexível para combater a fraude, as práticas desonestas, a opressão e a ilegalidade".[50] O verdadeiro controlo da empresa só pode ser identificado se o véu corporativo for levantado. "'Piercing the corporate veil' significa que o tribunal identifica as pessoas que se escondem por detrás da estrutura da sociedade."[51] Levantar o véu da sociedade significa responsabilizar pessoalmente os accionistas pelas dívidas e obrigações da sociedade. Esta solução pode servir de contrapeso ao escudo de proteção dos activos, normalmente concedido aos investidores das empresas e estreitamente

---

[45] Notes of Cases, *Multinationals and the Antiquities of Company Law,* 47 Mod. L. Rev. 87, em 90 (1984).
[46] D. French, S. Mayson & C. Ryan, Company Law, 27th ed, at 118, (2010).
[47] *Id.* em 118.
[48] [1897] AC. 22, HL.
[49] *Id.,* em 51.
[50] D. Keenan & J. Bisacre, Smith & Keenan's Company Law, 13th edition, at 27, (2005).
[51] L. Linklater, *"Piercing the Corporate Veil" - the Never Ending Story?,* Comp. Law, 27(3), 65-66, em 65, (2006).

ligado a questões importantes como a responsabilização ou a responsabilidade social das empresas.[52] O principal objetivo da doutrina do "piercing the corporate veil" - que constitui uma exceção à regra geral da responsabilidade limitada - é evitar a injustiça.[53] Ao longo do tempo, os tribunais ingleses introduziram diferentes critérios para o "piercing the veil", tais como "Sham", "Facade", "Single economic unit", etc.

A evolução histórica do "piercing the corporate veil" pode ser dividida em três períodos principais, que se prendem com a luta contínua entre a manutenção do respeito pelo princípio de *Salomon*, por um lado, e a sua desconsideração por interesses de justiça, por outro. O presente capítulo pretende ilustrar a evolução desta doutrina motriz do direito das sociedades inglês, partindo do seu caso-chave de SaZowton e terminando na realidade atual. Esta parte tentará explorar as premissas em que os tribunais baseiam o seu raciocínio. Além disso, o capítulo abordará a compreensão de alguns factores extra-legais que incitam à perfuração do véu. Em caso de dilema entre a noção de personalidade jurídica e a exigência de justiça, seria razoável e crucial perguntar onde se situa a fronteira entre a moral e o direito.

2.2. Primeiro período - Introdução do princípio de *Salomon*

Apesar da luta interminável, o princípio da "personalidade jurídica autónoma" tem sido fortemente defendido durante anos. Este caso ilustrou uma luta entre a forma e a substância, ou seja, entre interpretar a lei literalmente ou ter em conta o seu espírito e intenção presumidos: os Lordes optaram por ir além da forma da empresa, afirmando que, se a forma da empresa estivesse de acordo com a letra da lei, não analisariam a substância subjacente.[54] Este foi o início do primeiro período da história do "véu corporativo", de aproximadamente 1897 até à Segunda Guerra Mundial, descrito como um período experimental com diferentes abordagens à doutrina.[55] Por exemplo, num dos casos emblemáticos que se seguiram a *Salomon,* em *Gilford Motor Co Ltd v. Home,*[56] o tribunal levantou o véu, baseando a sua decisão em vários factores económicos e independentes, como a identidade e o número de accionistas e administradores, o verdadeiro papel dos administradores na gestão das empresas e o facto de a empresa ter ou não instalações físicas. Nesse caso, o Sr. Home tentou evitar as suas obrigações de não concorrência para com o seu antigo empregador, constituindo uma empresa para dissimular a evasão. No entanto, Lord Hanworth pôs de lado a doutrina da "personalidade jurídica autónoma" e levantou o véu da sociedade, declarando qual era, na sua opinião, a verdadeira intenção de Home:

> [De qualquer modo, uma das razões para a criação dessa empresa foi o receio do Sr. Home de que pudesse cometer infracções ao pacto no exercício da atividade...[57]

Apesar do já mencionado fracasso do princípio *Salomon* em *Gilford,* a decisão *Salomon* deu ao ato de

---

[52] D. J. Morrissey, *Piercing All the Veils: Applying an Established Doctrine to a New Business Order,* 32 J. Corp. L. 529, em 530, (2006-2007).

[53] L. Sealy & S. Worthington, Cases and Materials in Company Law, at 51, 8th ed. (2008); L. Gallagher & P. Ziegler, *Lifting the Corporate Veil in the Pursuit of Justice,* J. BUS. L. 292,293, (1990).

[54] A. Hicks & S.H. Goo, Cases and Materials on Company Law, 6th Edition, at 96, (2008).

[55] T. K. Cheng, *The Corporate Veil Doctrine Revisited: A Comparative Study of the English and the U.S. Corporate Veil Doctrines,* 34 B.C. Int'l & Comp. L. Rev. 329, em 334, (2011).

[56] [1933] Ch. 935 (A.C.) 954 (Eng.) em 943.

[57] *Id.,* em 943.

incorporação o selo de aprovação moral em diferentes casos.[58] O princípio foi reafirmado muitas vezes em várias instâncias. Foi fortemente afirmado mesmo em casos em que o queixoso era a favor da desconsideração do princípio da personalidade jurídica, pretendendo assim ser tratado como sendo idêntico à sua própria empresa. Foi o que aconteceu no processo *Macaura contra Northern Assurance Co Ltd,*[59] , em que o requerente vendeu a madeira à sua própria empresa. Mais tarde, quando a madeira foi destruída por um incêndio, a companhia de seguros recusou o reembolso ao requerente, uma vez que a madeira estava segurada em nome do próprio Macaura e não em nome da empresa. O requerente não conseguiu ganhar o processo com base no princípio da personalidade jurídica distinta:

> [O acionista, mesmo que detenha todas as acções, não é a sociedade, e nem ele nem qualquer credor da sociedade têm qualquer propriedade legal ou equitativa sobre os activos da sociedade.[60]

O facto de o primeiro período da história do véu corporativo ter sido qualificado como experimental, com atitudes instáveis[61] em relação a ele, é muito bem ilustrado por dois casos contraditórios: *Gramophone & Typewriter Ltd* contra *Stanley*[62] e *Apthorpe contra Peter Schoenhofen Brewing Company*[63] .

Em 1899, quando foi proferida uma das primeiras decisões sobre a supressão do véu no processo *Apthorpe,* o tribunal inglês em questão teve de resolver a questão de saber se a empresa-mãe inglesa e as filiais americanas eram autónomas uma da outra. Neste caso, o tribunal utilizou "a regra da cabeça e do cérebro" e perfurou o véu, uma vez que a cabeça e o cérebro que dirigiam as empresas americana e inglesa eram os mesmos.[64] Por outro lado, no processo *Gramophone*, o tribunal tratou a filial como independente da sua empresa-mãe, apesar de esta última ser proprietária de todas as acções da primeira. Se compararmos estes dois processos entre si, verificamos que ambos tinham praticamente o mesmo conteúdo. No entanto, o Tribunal decidiu levantar o véu no processo *Apthorpe,* enquanto a sala de audiências ainda estava inibida pela doutrina da personalidade jurídica distinta quando proferiu o acórdão no processo *Gramophone.*

Pode concluir-se que o principal fator determinante para decidir se a empresa-mãe e a filial podem ser tratadas como uma unidade económica não consiste apenas em definir quem são os "chefes e cérebros" de ambas, mas em conhecer a verdadeira intenção de gerir a empresa através de uma filial. Se a intenção é agir como uma mera farsa ou "empresa de fachada",[65] então um tribunal não deve questionar a existência autónoma da empresa-mãe e da filial e deve tratá-las como uma única unidade económica. A falta de intenção de tratar a filial como uma empresa fictícia no caso da *Gramophone* levou o Tribunal a tomar a sua decisão, apoiando-a nas seguintes palavras: "... a empresa alemã não era inicialmente, e não há provas de que alguma vez se tenha

---

[58] A. C. Hutchinson & I. Langlois, *Salomon Redux: The Moralities of Business,* 35 Seattle U. L. Rev. 1109, at 1120, (2012).

[59] [1925] AC 619, HL.

[60] *Id.,* em 633.

[61] A necessidade de clarificação dos factores para "levantar o véu corporativo" tende a ser um problema desde 1823, quando Lord Eldon, no processo *Wright* v. *Atkyns,* sublinhou a urgência da determinação dos três pontos seguintes: "... primeiro... as palavras devem ser imperativas... segundo... o sujeito deve ser certo...; e terceiro... o objeto deve ser tão certo como o sujeito." ([1823] Turn. & R. 143, 37 E.R. 1051 at 157)

[62] [1908] 2 KB 89.

[63] [1899] 4 T.C. 41.

[64] M. Moore, "A *Temple Built on Faulty Foundations": Piercing the Corporate Veil and the Legacy of Salomon v Salomon",* J.B.L 2006, Mar, 180-203, em 186, ver também o processo *Apthorpe.*

[65] *Ver* Gilford, nota 56 *supra,* Lord Hanworth M.R., em 956; Lawrence L.J., em 965; Romer L.J., em 969.

tornado, uma empresa fictícia ou um mero disfarce para a empresa inglesa."[66]

Para além do elemento da intenção real, outro fator determinante, que deve ser tomado em consideração de acordo com os dois processos supramencionados, é o facto de a propriedade e o poder de controlo da filial pela sua empresa-mãe não dependerem um do outro. No processo *Gramophone,* a empresa-mãe inglesa era proprietária de todas as acções da sua filial. No entanto, era a filial alemã que exercia a sua própria atividade, enquanto no processo *Apthorpe,* a empresa-mãe era a verdadeira controladora da filial, embora não tivesse a propriedade plena do capital desta última.[67]

Depois de ter descrito o início da história do véu societário, caracterizado por flutuações e experiências, a parte subsequente do artigo debruçar-se-á sobre o segundo período, que ilustra uma atitude relativamente estável em relação à doutrina do véu societário.

2.3. Segundo período - Triunfo da doutrina "Piercing the Corporate Veil

Houve um período, após a Segunda Guerra Mundial e até à decisão de 1978 no processo *Woolfson v. S'strathclyde Regional Council*[68], em que os tribunais estavam mais dispostos a "romper o véu da sociedade", ou seja, a ignorar a personalidade jurídica distinta e a tratar os accionistas e a sociedade como uma só pessoa. Este período é referido como o segundo período da "doutrina do véu corporativo" - o período de sucesso para o levantamento do véu.[69]

Apesar de o triunfo da "doutrina do véu corporativo" não ter sido absoluto,[70] o facto de não existir um quadro único reconhecido para o levantamento do véu encorajou os tribunais ingleses a ignorar o princípio *Salomon,* outrora caracterizado como "calamitoso" pelo Professor Kahn-Freud.[71]

De um modo geral, os tribunais ingleses têm conhecimento dos seguintes quatro tipos de casos de véu corporativo: fraude, falsas declarações, agência e evasão de obrigações legais. Os tribunais adoptaram abordagens diferentes em relação a cada uma das categorias supramencionadas, dependendo das circunstâncias do caso e da intenção real dos infractores. Um dos testes relativamente seguros, que define a existência do véu corporativo, foi estabelecido no processo *Snook contra London and West Riding Investments Ltd*[72], em que Diplock L.J. definiu a fraude como as partes que têm a intenção comum de que os actos e documentos por elas executados "... não criem os direitos e obrigações legais que aparentam criar".[73]

No entanto, na maioria dos casos, o raciocínio baseou-se em factores como a forma da sociedade; o facto de a sociedade ser fechada, um grupo de sociedades ou uma sociedade anónima; o número de accionistas

---

[66] *Ver* Gramophone, nota 62 *supra, p.* 96.

[67] *Ver* Moore, nota 64 *supra,* em 190-191.

[68] (1978) S.C.(H.L.) 90.

[69] *Ver* Cheng, nota 55 *supra, p.* 334.

[70] A consequência posterior do princípio *Lektmoe* reflectiu-se num dos casos emblemáticos de *Lee v Lee s Air Farming Ltd* ([1961] A.C. 12, PC). Nesse processo, a empresa e o seu diretor, que era o único proprietário da empresa e empregado da mesma, foram considerados duas pessoas colectivas independentes. Este raciocínio foi mais tarde confirmado no processo *Secretary of State for Trade and Industry* v. *Bottrill* ([1999] BCC 177), em que o Court of Appeal estipulou que o acionista maioritário poderia ter sido empregado pela empresa e reclamado os seus direitos ao abrigo da Employment Rights Act 1996 (c.18).

[71] O.Kahn-Fraud, *Some Reflections on Company Law Reform,* Vol.7, Mod. L. Rev. 54, em 54 [1944].

[72] [1967] 2 Q.B. 786.

[73] *Id.,* em 802; O mesmo teste foi adotado por Arden LJ no processo *Hitch v Stone* em 2001. [2001] STC 214 em 66.

de uma sociedade; o papel ativo ou passivo dos accionistas; o grau de controlo; a atividade comercial genuína; a presença física da sociedade; o incumprimento das formalidades societárias; o comportamento da atividade da sociedade - se era *de boa fé[74]* ou não, etc.

Nessa altura, um dos principais revolucionários no que diz respeito ao levantamento do véu corporativo tende a ser o jurista mais proeminente desse período - Lord Denning. Lord Denning apoiou o teste da "unidade económica única" num dos seus famosos acórdãos no processo *DHN Food Distributors Ltd. contra Tower Hamlets London Borough Council[75]* . O seu senhorio reconheceu diferentes entidades empresariais como uma entidade económica, proferindo o seguinte acórdão "Este caso pode ser chamado de 'Três em um'. Três empresas numa só. Em alternativa, o 'Um em três'. Um grupo de três empresas".[76] Foi novamente Lord Denning quem considerou que um tribunal tinha de levantar o véu no processo *Wallersteiner/Moir[77]* , uma vez que o Dr. Wallersteiner controlava as suas empresas de certa forma, como se fosse o mandante por detrás delas e as empresas fossem seus agentes. De acordo com Lord Denning, essas empresas eram apenas os seus "fantoches", que executavam as suas ordens.[78]

Na sequência do acórdão de Lord Denning, o levantamento do véu corporativo foi objeto de casos bem sucedidos baseados em diferentes factores e raciocínios. A decisão de levantar o véu corporativo no processo *In re (FG) Films[79]* baseou-se na inexistência de uma relação genuína de agência. O tribunal salientou a ausência de presença física e a insuficiência de capital, afirmando que a empresa não tinha "... qualquer local de atividade para além da sua sede social e não empregava qualquer pessoal". [80] No processo *Jones contra Lipmann,[81]* o réu tentou evitar a obrigação contratual - vender a sua casa ao Sr. Jones - transmitindo-a a uma sociedade constituída com esse objetivo expresso. O Tribunal não hesitou em levantar o véu, referindo-se à empresa do réu como "uma farsa, uma máscara".[82]

No processo *Re Bugle Press Ltd[83]* , o regime era demasiado fácil para permitir que o Tribunal declarasse que a empresa era uma mera fachada. Neste caso, dois accionistas maioritários tentaram afastar o terceiro acionista minoritário. Para o efeito, criaram uma sociedade, através da qual pretendiam lançar uma oferta pública de aquisição. No entanto, o Tribunal qualificou a violação da regra de proibição de expropriação da minoria pelos accionistas maioritários como uma "tentativa descarada" de contornar esse princípio fundamental do direito das sociedades.[84] Harman LJ concluiu o acórdão com as seguintes palavras: "Surpreende-me que se tenha pensado que um artifício tão elementar receberia a aprovação do tribunal."[85]

---

[74] O facto de a filial americana ser uma entidade de *boa-fé* foi uma das premissas que forçou o tribunal no processo *Adams v Cape Industries PLC* a recusar o levantamento do véu. *Ver* Cheng, nota 59 *supra, p.* 346. Ver *também Adams v Cape Industries PLC*, [1990] Ch. 433 at 544.

[75] [1976] 1 WLR 852 (A.C).

[76] *Id.,* em 857.

[77] [1974] 1 W.L.R. 991 (A.C.).

[78] ZJ., em 1013.

[79] [1953] 1 W.L.R. 483.

[80] *Id, em. MA.*

[81] [1962] 1 W.L.R. 832 (Ch.) (Eng).

[82] *Id.,* em 836.

[83] [1961] Ch 270.

[84] /c/., em287,288.

[85] *Id.,* em 289.

Na altura, a principal preocupação do direito inglês, relacionada com a doutrina do "piercing the corporate veil", continuava a ser, não o facto de a responsabilidade dos accionistas ser imposta, mas a tentativa de ignorar o princípio da personalidade jurídica distinta.[86]

2.4. Terceiro período - A era da imprevisibilidade

O terceiro período, que durou até agora, foi caracterizado por um elevado nível de indeterminação no que respeita ao momento em que o véu será levantado. O famoso raciocínio da *DHN* foi posto em causa pela Câmara dos Lordes no processo *Woolfson*. Apesar de os requerentes no processo *Woolfson* terem argumentado que a sua situação era semelhante à da *DHN*, Lord Keith recusou-se a seguir o raciocínio da *DHN* e questionou mesmo a sua análise correcta. A *Woolfson* deu início a um novo (terceiro) período na história da doutrina do "piercing the corporate veil". A doutrina fracassou na maioria dos casos da altura e perdeu consideravelmente o seu poder antes de *Adams contra Cape Industries PLC*[87] A data de entrega de *Adams*, em 1990, é um dos dias mais significativos na história da doutrina do véu corporativo. Este processo confirmou mais uma vez, mesmo após uma década, que o tribunal apoiava firmemente a ideia de uma personalidade jurídica distinta e que o princípio de *Salomon* não podia ser facilmente ignorado. O Tribunal recusou-se a ir além do princípio da personalidade jurídica distinta e a impor a responsabilidade à empresa-mãe inglesa. A razão subjacente a esta decisão foi o facto de a sua filial americana, que foi processada com êxito pela Texas Employees in America, não dispor de activos suficientes para satisfazer os requerentes. O Tribunal de Recurso apoiou a ideia, que implicava que um tribunal não era livre de ignorar o princípio *Salomon*, apenas porque considerava que a justiça *assim o* exigia[88] *Adams* reforçou ainda mais o princípio da personalidade jurídica, desencorajando assim o tribunal a romper com as doutrinas existentes. O tribunal determinou mesmo a exceção, em que era permitida a abertura do véu corporativo: "... só é adequado romper o véu corporativo quando existem circunstâncias especiais que indiquem que se trata de uma mera fachada que oculta os verdadeiros factos."[89] Assim, para além do acórdão *Salomon*, o caso *Adams* demonstra que não é assim tão fácil combater a doutrina da personalidade jurídica.

É difícil fazer uma análise relativamente à situação atual do "piercing the corporate veil", uma vez que a sua natureza flutuante, inflexível e imprevisível demonstra a instabilidade desta doutrina.

Nos últimos anos, pode encontrar-se um catálogo bastante longo de decisões relativas ao levantamento do véu corporativo em várias jurisprudências, tais como *Beckett Investment Management Group Limited e outros* contra *Hall e outros*[90] , *Stone & Rolls Ltd. contra Moore Stephens,*[91] *Antonio Gramsci Shipping Corp e outros* contra *Stepanovs*[92] , etc.

No processo *-eckett*, o Tribunal de Recurso inglês levantou o véu sobre a relação entre a empresa-mãe e a filial, a fim de fazer cumprir o pacto de não transação previsto no contrato de trabalho do trabalhador. No

---

[86]Ver Cheng, nota 55 *supra, p.* 346.
[87] [1990] Ch 433 (A.C.)
[88] *Id.,* em 537.
[89] *Id.,* em 540.
[90] [2007] EWCA Civ 613.
[91] [2009] UKHL 39.
[92] [2011]EWHC 333.

segundo caso, o *Stone & Rolls,* a Câmara dos Lordes ignorou a doutrina da personalidade jurídica distinta, uma vez que era evidente o facto de o diretor e o único acionista da empresa terem intencionalmente enganado o auditor da empresa para cometer uma fraude. A Câmara dos Lordes atribuiu as actividades fraudulentas dos accionistas diretamente à sociedade, impedindo assim esta última de apresentar uma queixa contra os auditores, devido ao facto de ser ela própria uma fraudadora.

Não se deve ignorar um dos casos mais recentes - o caso *Gramsci,* que ilustrou até que ponto a doutrina do "piercing the corporate veil" pode efetivamente ir. Tratou-se de uma decisão radical tomada pelo Sr. Justice Burton, que levantou o véu e considerou o Sr. Stepanovs responsável com base numa infração contratual. É significativo o facto de o Sr. Stepanovs nem sequer ser parte signatária do contrato em causa. Os queixosos alegaram que as empresas demandadas obtiveram lucros de forma desonesta. Pediram ao Tribunal que considerasse o Sr. Stepanovs responsável solidariamente com as sociedades demandadas, uma das quais era propriedade dele. O Tribunal, no seu acórdão, deu resposta às seguintes questões: se o arguido era o "titereiro" que controlava a empresa e se era necessário romper o véu. O Tribunal fez referência ao processo *Trustor AB* contra *Smallbone e outros*[93] , observando que existia fraude no seio da empresa, "... porque a empresa foi criada precisamente com esse objetivo, a fim de abusar da sua estrutura.[94]

No entanto, o sucesso da doutrina do "veil piercing" proferida em *Gramsci* acabou por durar menos tempo do que se poderia imaginar. Há apenas alguns meses, foi proferida uma das decisões mais inesperadas - a decisão *VTB Capital Plc v Nutriek International Corp e outros*[95] - que anulou o acórdão *Gramsci,* rejeitando assim a possibilidade de alargar o âmbito do veil piercing às reivindicações contratuais.[96] É de salientar que as decisões das duas primeiras instâncias no processo *VTB*, em 2011, foram favoráveis ao levantamento do véu, pelo que a última decisão do Tribunal de Recurso foi bastante inesperada. Ao mesmo tempo que caracterizou os processos *Gramsci* e *Allianae Bank JSC* contra Jt/wan/o Corporation[97] como uma "leitura incorrecta" de[98] e uma "decisão errada",[99] Lord Justice Lloyd criticou consistentemente a decisão de Burton J, afirmando que não havia uma boa razão política para inventar e dar uma solução artificial no contrato.[100] Com o objetivo de fundamentar os seus argumentos, o Tribunal remeteu para o acórdão *Faiza Ben Hashem v. Shayif and Another*[101] , e declarou que "o tribunal não pode levantar o véu, mesmo quando não está envolvido qualquer terceiro sem ligação, apenas porque se considera que tal é necessário no interesse da justiça".[102] De acordo com o Tribunal, isso equivaleria a sujeitar as partes a obrigações contratuais ao abrigo de um contrato a que nem elas, nem as únicas partes indiscutíveis do contrato, tinham alguma vez acordado ou pretendido que

---

[93] [2001] WLR 1177 (Ch).

[94] *Ver* Gramsci, nota 92 *supra, p.* 15.

[95] [2012] EWCA Civ 808.

[96] Em *Gramsi,* o tribunal deu a possibilidade de olhar para trás do véu e responsabilizou não só as "empresas fantoches", mas também os autores das fraudes.

[97] [2011] EWHC 3281.

[98] *Ver* VTB, nota 95 *supra, p.* 91.

[99] *Id, em* 96.

[100] *Id.,* em 95.

[101] [2008] EWHC 2380 (Fam).

[102] *Id.,* em 160.

estivessem sujeitas.[103]

Após as duas decisões divergentes acima referidas, que tiveram lugar em menos de um ano, torna-se cada vez mais óbvio que não existe um quadro único para essa doutrina. O único princípio geral e relativamente amplo que pode ser identificado, e que tem sido seguido fielmente pelo tribunal até à data, é o princípio estabelecido no processo *Tunstall v Steigman*[104] em 1962, reafirmado no processo *Woolfson* e finalmente selado pelo Tribunal *Adams*. De acordo com esta abordagem, a doutrina *Salomon* só pode ser ignorada em circunstâncias especiais, em que uma sociedade de responsabilidade limitada pode ser uma fachada que esconde os factos reais. No entanto, não é possível encontrar uma decisão em que um tribunal tenha definido quais são essas circunstâncias especiais. Identificar o que se entende por "fachada" é ainda mais difícil.[105] Se olharmos para toda a evolução histórica em causa neste capítulo, compreenderemos que, embora a inexistência de um quadro regulamentar único possa conferir a um tribunal um elevado poder discricionário para alargar o âmbito do levantamento do véu, este poder discricionário para definir o significado de "interesses da justiça" também pode ser reduzido.

---

[103] *Ver* VTB, nota 95 *supra, p.* 95.

[104] [1962] 2 QB 593 (A.C).

[105] G.Andrews, *The Veil of Incorporation- Fiction or Facade?,* Business Law Review, Jan. 2004, at 4, *Ver também,* N. Hawke & P. Hargreaves, *"Corporate Liability: Smoke and Mirrors",* ICC LR 2003, 14 (2), 75-78.

CAPÍTULO 3

RESPONSABILIDADE DO GRUPO EMPRESARIAL

3.1. A melhor estratégia para a irresponsabilidade?

A questão do levantamento do véu dentro dos grupos de empresas é uma das questões mais problemáticas da doutrina do véu corporativo. Na atual era da globalização, os veículos corporativos tornaram-se um dos melhores instrumentos para as actividades ilícitas. O inquérito aos Estados-Membros da UE realizado em 2000 indicava que quase todos os actos criminosos, incluindo os crimes económicos, envolviam a utilização de pessoas colectivas.[106] A mesma preocupação foi demonstrada por várias autoridades e organizações internacionais, tais como as Nações Unidas, o Grupo de Ação Financeira, o Fundo Monetário Internacional, etc. Em todos os seus relatórios recentes, estimava-se a forma como os veículos das empresas eram utilizados abusivamente para fins ilícitos, como o branqueamento de capitais e o suborno, e como os instrumentos das empresas contribuíam para transferir o dinheiro de contas bancárias individuais para contas bancárias de empresas e depois para o fundo fiduciário, criando todo um círculo de secretismo.[107]

No seu relatório - "INSECURIDADE FINANCEIRA: A utilização crescente de sociedades de responsabilidade limitada e de sociedades gestoras de participações sociais com vários níveis de participação na propriedade de centrais nucleares", a STAR Foundation Riverkeeper manifestou a sua extrema preocupação com as estruturas de grupos empresariais. De acordo com o relatório, nos últimos dez anos registou-se uma transferência crescente da propriedade das centrais nucleares para um pequeno número de grandes empresas. Nessa estrutura, o veículo de responsabilidade limitada foi utilizado como um dispositivo eficaz para transferir os lucros para a empresa-mãe e, assim, escapar às obrigações fiscais.[108] O relatório caracterizou a utilização da estrutura de responsabilidade limitada da seguinte forma:

> [Proporcionam também um escudo financeiro à empresa-mãe/proprietário se um acidente, uma falha do equipamento, uma melhoria da segurança ou uma necessidade de manutenção invulgar numa determinada central gerar um custo elevado e imprevisto. A empresa-mãe/proprietário pode afastar-se, declarando a falência dessa entidade separada, sem pôr em risco os seus outros investimentos nucleares e não nucleares.[109]

O problema supramencionado tornou-se especialmente crucial nos dias de hoje, uma vez que os padrões de investimento globalizados geraram enormes teias empresariais que envolvem camadas de filiais, vários subcontratantes e diferentes disposições empresariais estruturalmente complexas, atravessando frequentemente as fronteiras nacionais. [110] A sociedade A, estabelecida em Inglaterra, pode ser detida pela sociedade B, localizada na Alemanha, que, por sua vez, pode ser detida por um trust estabelecido sob a

---

[106] Relatório de 2000 da CE sobre as pessoas colectivas, p. 11.

[107] Gabinete das Nações Unidas para o Controlo da Droga e a Prevenção da Criminalidade, *Financial Havens, Banking Secrecy and Money-Launde8ing, p.* 57, ("Relatório das Nações Unidas de 1998").

[108] STAR Foundation Riverkeeper, *FINANCIAL INSECURITY: The Increasing Use of Limited Liability Companies and Multi Tiered Holding Companies to Own Nuclear Power Plants,* agosto, p. 2, (2002).

[109] *Id,* em 2, (2002).

[110] M. Dearborn, *Enterprise Liability: Reviewing and Revitalizing Liability for Corporate Groups,* Vol. 97, Cal. L. Rev. 195, em 207, (2009).

jurisdição de um Estado completamente diferente. Assim, a cadeia de veículos empresariais que envolvem filiais, intermediários, sociedades fiduciárias e muitos dispositivos estruturais diferentes, aumentando o nível de anonimato dos verdadeiros controladores, está a tornar as coisas ainda mais complexas. A Philip Morris, um dos maiores produtores de tabaco dos Estados Unidos, admitiu que criou sociedades holding para "isolar melhor cada empresa das obrigações e responsabilidades incorridas em actividades não relacionadas".[111]

Deste ponto de vista, quando a economia mundial é gerida por megacorporações internacionais constituídas por numerosas pequenas filiais que operam em todo o mundo, quando os desenvolvimentos tecnológicos não têm fronteiras e as possibilidades extremamente novas se tornam subitamente disponíveis para as empresas, os danos financeiros, tecnológicos ou ambientais causados pelo comportamento de risco das suas filiais têm como consequência um efeito prejudicial para a sociedade. O mundo retirou lições de uma das maiores irresponsabilidades experimentadas pelas actividades dos grupos empresariais no passado recente. Esta irresponsabilidade resultou na crise financeira global de 2008, que trouxe efeitos perigosos para todo o mundo. Esses resultados são especialmente dispendiosos quando afectam não apenas um único indivíduo, mas quando toda a comunidade é atingida por ela, como aconteceu em 2008. O fracasso da gestão do risco nas empresas do grupo foi referido como um dos "maiores choques" da crise financeira no relatório da OCDE de 2009.[112]

Para além do risco supramencionado, existe uma outra ameaça quando as empresas-mãe e as filiais são controladas por administrações interligadas, que se apoiam mutuamente. Embora seja legal que o diretor-geral da empresa-mãe faça parte do conselho de administração de uma empresa filial do mesmo grupo empresarial, a independência das decisões tomadas por estas duas empresas é posta em causa. Nesse caso, é necessário romper o véu corporativo para revelar as verdadeiras intenções dos directores.

As abordagens teóricas à responsabilidade do grupo de empresas são diferentes. A secção seguinte deste capítulo debruçar-se-á sobre uma das teorias mais difundidas - a "teoria da empresa". Em particular, demonstrará as diferentes atitudes que os académicos adoptaram em relação a esta teoria, bem como a diversidade da jurisprudência sobre a imposição da responsabilidade ao grupo de empresas.

3.2. 'Teoria da empresa'

Existe uma "teoria da empresa" segundo a qual o grupo de empresas é considerado como uma unidade singular, em vez de considerar cada filial ou empresa associada como uma entidade jurídica distinta.[113] Vários académicos tiveram atitudes diferentes em relação a esta teoria em diferentes períodos de tempo. Um dos seguidores desta teoria foi Adolf Berle, que sugeriu, em 1947, que se ignorassem as ficções jurídicas sobre a personalidade jurídica distinta e se encarasse a empresa de um ponto de vista mais realista.[114] Para prevenir os resultados perigosos causados pelas indústrias que, na altura, se dedicavam a actividades ultraperigosas, propôs

---

[111] H. Hansmann & R. H. Kraakman, *Toward Unlimited Shareholder Liability for Corporate Torts*, 100 Yale L.J.1879, at 1881, n.3, (1990-1991).
[112] Relatório da OCDE de 2009, *Corporate Governance and the Financial Crisis: Key Findings and Main Messages,* em 8, junho (2009).
[113] *Ver* Dearborn, nota 110 *supra, p.* 210.
[114] *Id.,* em 199.

uma formulação denominada "responsabilidade da empresa", que responsabilizaria a empresa-mãe pelas actividades de risco das suas filiais.[115]

De acordo com o Professor Blumberg, quando se discute a responsabilidade das empresas, há que ter em conta as questões que estão em jogo e analisar se a responsabilidade dos grupos de empresas faz sentido do ponto de vista político.[116] Na sua análise, Blumberg afirma que os princípios da empresa devem servir um papel estritamente funcional e identifica alguns dos factores que são considerados pelo direito das empresas, tais como "controlo, integração económica, interdependência financeira e administrativa, estruturas de emprego sobrepostas e uma personalidade de grupo comum".[117]

Kurt Strasser fez na sua análise uma demarcação completa entre as empresas-mãe e os accionistas investidores individuais. Segundo ele, o papel económico da empresa-mãe desempenhado na sua filial é absolutamente diferente da função do acionista investidor individual:

> [A empresa-mãe cria, explora e dissolve filiais principalmente como parte de uma estratégia empresarial na prossecução dos objectivos comerciais da empresa maior, que a empresa-mãe e todas as filiais prosseguem em conjunto. A empresa-mãe não é um investidor independente.[118]

Existem também diferentes atitudes em diferentes jurisdições no que diz respeito à regulamentação dos grupos de empresas. Por exemplo, na jurisdição alemã, a lei alemã sobre as sociedades anónimas distingue os "grupos contratuais" dos grupos de *facto*. O primeiro tipo de grupos é estabelecido numa base contratual, quando existe um acordo entre as empresas controladas e as empresas que controlam, e o segundo tipo é *de facto,* quando, mesmo que não exista uma relação contratual entre a empresa-mãe e a filial, a empresa-mãe pode ainda ser responsável pela sua filial, se o grupo tiver uma direção comum.[119]

Após ter descrito brevemente nesta secção as diferentes atitudes de académicos proeminentes no que diz respeito à "teoria da empresa", a próxima subsecção tratará da indeterminação da jurisprudência existente no que diz respeito à responsabilidade do grupo de empresas.

3.3. Indeterminação

A questão da responsabilidade de um grupo de empresas é tão indeterminada e imprevisível como as circunstâncias do levantamento do véu da empresa em geral. A natureza da imposição da responsabilidade à sociedade-mãe ou à sociedade afiliada varia em função de diferentes factores. O facto de não haver coesão nas decisões judiciais sobre a responsabilidade do grupo de empresas é ilustrado pela jurisprudência que remete para vários testes e factores a fim de estabelecer uma distinção entre empresas-mãe e filiais. Esses factores tendem a ser a regra da cabeça e do cérebro,[120] o poder de controlo potencial ou dominante,[121] a ausência de

---

[115] *Id.,* em 200.

Id., em211,n. 92.

[117] Nota de livro, *Applying Enterprise Principles to Corporate Groups*, 107 Harv. L. Rev. 1455, 1456.

[118] K. A. Strasser, *Piercing the Veil in Corporate Groups,* 37 Conn. L. Rev. 637, em 638, (2004-2005).

[119] *Ver* Dearborn, *supra* nota 110, em 218-219.

[120] *Ver* Apthorpe, nota 63 *supra.*

[121] Craig v Lake Asbestos of Quebec, Ltd, [1988] 843 F.2d 145.

intenção de agir como uma empresa fictícia[122] , a existência de uma relação mandante-agente[123] , a consideração de preocupações jurídicas em vez de económicas,[124] a existência autónoma da filial,[125] etc.

Segundo um dos académicos britânicos, Marc Moore, o principal denominador para determinar se a empresa-mãe e a filial devem ser tratadas como uma única unidade é a determinação do "objetivo genuíno dessa atividade", incluindo a estratégia que estabelece a direção geral da atividade. Este teste - denominado novo "objetivo final genuíno" ou regra GUP - foi formulado devido à natureza insustentável da doutrina *Salomon* e às suas incertas excepções. O teste foi criado para levantar o véu de acordo com o que o Sr. Moore considerava serem as suas "verdadeiras" raízes doutrinais.[126]

Quando se discute o nexo entre a filial e a sua empresa-mãe, são mencionados mais frequentemente dois factores: o grau de propriedade da filial pela sua empresa-mãe e o grau de poder de controlo. No entanto, estes dois pontos nem sempre estão diretamente relacionados entre si. É possível encontrar uma empresa em que a empresa-mãe não é a proprietária total da filial, mas continua a exercer as actividades principais desta última, tendo assim um controlo total sobre ela. Por outro lado, embora a empresa-mãe possa deter cem por cento das acções da filial e possa existir a presunção real de que a relação entre a empresa-mãe e a filial depende uma da outra, a filial pode ainda ser apresentada como o único controlador da sua empresa. Assim, para tomar uma decisão sobre o levantamento do véu corporativo, o fator mais decisivo parece ser a medida em que a empresa-mãe controla a filial e não a dimensão da participação da empresa-mãe na filial. Um dos académicos, Dearborn, distingue dois tipos de regimes de responsabilidade empresarial, com base no grau de controlo da filial: o primeiro tipo de responsabilidade distingue-se com base no facto de a empresa-mãe controlar ou não as acções da filial e é designado por "jurisdições de responsabilidade empresarial de controlo"; outro tipo, que impõe a responsabilidade apenas com base no facto económico da empresa, é designado por "jurisdições de verdadeira responsabilidade empresarial".[127] O exemplo deste último tipo de jurisdição é um dos casos indianos mais célebres, relativo à tragédia de Bhopal, em Bhopal, Madhya Pradesh, em 1984. O nível catastrófico do desastre na Índia, causado pela fuga de dezenas de toneladas de gás tóxico na zona de Bhopal, que causou a morte de milhares de pessoas, levou o governo indiano a exigir a responsabilização da empresa-mãe pelos actos das suas filiais, mesmo que estas não estivessem sob a gestão direta da empresa-mãe.[128] O pedido baseava-se nos factos económicos da fábrica e não no poder de controlo da empresa-mãe. No que se refere ao controlo, de acordo com *Craig* contra *Lake Asbestos of Quebec, Ltd.*[129] , o controlo potencial não é suficiente. Mais ainda, o controlo exigido não é o mero controlo da maioria das acções, mas o domínio das políticas gerais e das finanças, que é controlado por "nenhuma mente separada, vontade ou existência própria".
[130]

---

[122] *Ver* Gramophone, nota 62 *supra*.

[123] *Ver* Wallersteiner, nota *supra*, 77; *Ver* In re (FG) Films, nota *supra* 79.

[124] Bank of Tokyo Ltd contra Karoon [1987] AC 45n.

[125] Smith, Stone and Knight v Birmingham Corp [1939] 4 All E.R. 116 (K.B.).

[126]Ver Moore, nota 64 *supra, p.* 199.

[127] *Ver* Dearborn, nota 110 *supra, p.* 215.

[128] *Id.,* em 227.

[129] [1988] 843 F.2d 145.

[130] Krivo Industrial Supply Company e Morgan Precision Parts,inc., et al.,v. National Distillers and Chemical Corporation 483 F.2d 1098, em 39. National Distillers and Chemical Corporation 483 F.2d 1098, em 39.

Na perspetiva atual, a incerteza quanto à imposição da responsabilidade do grupo de empresas existe em quase todas as esferas da atividade do grupo de empresas. Apenas algumas excepções a esta ambiguidade podem ser observadas em casos relativos à saúde e segurança dos trabalhadores e às esferas ambientais. Uma das certezas mais viáveis que foram alcançadas recentemente diz respeito ao acórdão proferido pelo Tribunal de Recurso inglês em 2012 no processo *Chandler v Cape plc.*[131] Este caso representa um dos maiores triunfos da imposição da responsabilidade do grupo empresarial na relação pais-filial. No seu acórdão, o Tribunal de Recurso inglês demonstrou como a empresa-mãe deve "colher os frutos" dos actos das suas filiais. O processo dizia respeito ao Sr. Chandler, que foi empregado da Cape Building Products Ltd (a filial a 100% da Cape plc) entre 1959 e 1962. Mais tarde, o Sr. Chandler descobriu que estava sujeito a uma exposição excessiva ao amianto, causada pela violação do dever de diligência por parte da empresa empregadora. Dado que, na altura do pedido de indemnização, a filial já não existia, o Sr. Chandler intentou uma ação contra a sua empresa-mãe. O Court of Appeal confirmou a decisão do High Court, considerando a empresa-mãe responsável pela violação do dever de saúde e segurança das suas filiais.

Para determinar se existia um dever de diligência, o tribunal aplicou o teste em três fases utilizado no processo *Caparo Industries contra Dickman*[132] . O Tribunal de Recurso enumerou circunstâncias especiais com base nas quais a empresa-mãe pode ser considerada responsável pela saúde e segurança dos trabalhadores das suas filiais. Essas circunstâncias são as seguintes:

(1) as actividades da empresa-mãe e da filial são, num aspeto relevante, idênticas;

(2) a empresa-mãe tem, ou deveria ter, conhecimentos superiores sobre um aspeto relevante da saúde e segurança no sector em causa;

(3) o sistema de trabalho da filial não é seguro, uma vez que a sociedade-mãe sabia ou devia saber; e

(4) a empresa-mãe sabia ou deveria ter previsto que a filial ou os seus trabalhadores confiariam na utilização desse conhecimento superior para a proteção dos trabalhadores.[133]

No entanto, de acordo com Lady Justice Arden, para efeitos do elemento (4) "não é necessário demonstrar que a empresa-mãe tem a prática de intervir nas políticas de saúde e segurança da filial...", em vez disso, o tribunal terá uma visão mais ampla e estabelecerá a existência do elemento (4) se as provas demonstrarem que a empresa-mãe tinha a prática de intervir nas operações comerciais da filial, tais como questões de produção e financiamento.[134]

É significativo que, de acordo com a Justice Arden, não se tratasse de um caso de "piercing the corporate veil". No seu acórdão, Sua Excelência afirma que a decisão do tribunal se baseou no facto de a empresa-mãe ter assumido a responsabilidade pelos trabalhadores da sua filial e não no mero facto de existir uma relação entre a empresa-mãe e a filial.[135] Assim, este processo estabeleceu os factores que impõem a responsabilidade da empresa-mãe em relação aos trabalhadores das suas filiais no que diz respeito ao

---

[131] [2012] EWCA Civ 525.

[132] [1990] UKHL 2; Lord Griffiths, estabeleceu três critérios para a imposição de um dever de diligência a um consultor, nomeadamente, a previsibilidade do dano, a proximidade da relação e a razoabilidade.

[133] *Ver* Chandler, nota 131 *supra, p.* 80.

[134] *Id.,* em 80.

[135] *Id.,* em 69,70,71.

incumprimento das normas de saúde e segurança. No entanto, os factores não vão além das questões de saúde e segurança, deixando assim vagos os outros domínios da responsabilidade do grupo empresarial.

É de salientar que o acórdão *Chandler* foi objeto de fortes críticas por parte dos investidores. Um dos seus argumentos era que a responsabilidade do grupo empresarial cria obstáculos à realização de investimentos. No entanto, se as empresas multinacionais se preocupam com a sua reputação e com os seus elevados padrões de competitividade, a manutenção destes dois factores exige que as empresas-mãe se sacrifiquem com o seu capital e assumam a responsabilidade pelos seus próprios actos ou pelos actos das suas filiais.

Outra exceção à incerteza supramencionada está relacionada com a lei sobre a responsabilidade das empresas (Corporate Responsibility Bill) que foi promulgada no Reino Unido em 2003. O artigo 6.º do projeto de lei diz respeito à responsabilidade da empresa-mãe perante as suas filiais, fusões, alienações, aquisições e outras reestruturações.

A secção 2 do artigo 6.º do projeto de lei estabelece o princípio da extraterritorialidade, afirmando que, para efeitos da responsabilidade, "é irrelevante que os danos causados às pessoas ou ao ambiente tenham ocorrido no Reino Unido".[136] O projeto de lei apresenta uma imagem relativa dos casos em que a empresa-mãe deve pagar uma indemnização às suas filiais. No entanto, requer ainda uma maior clarificação. O projeto de lei regula as responsabilidades da empresa-mãe em relação às suas filiais apenas no que diz respeito às normas de saúde e segurança dos trabalhadores e à proteção do ambiente. Não regula as responsabilidades da empresa-mãe por danos financeiros causados pela sua filial a terceiros, nem por quaisquer outras questões relevantes.

Em conclusão, pode dizer-se que, desde o aparecimento do problema da responsabilidade do grupo de empresas, foram criadas diferentes teorias e estabelecidos diferentes testes para definir a responsabilidade do grupo de empresas. No entanto, nenhuma das teorias é orientada para fornecer a melhor solução única e nenhum dos testes estabelecidos em diferentes casos dá a resposta final com base em que factores o tribunal deve impor a responsabilidade da empresa-mãe pela sua filial, ou vice-versa.[137]

Como foi discutido nesta secção, para responsabilizar a empresa-mãe pela sua filial, devem ser tidos em conta dois factores importantes: a existência do poder de controlo e a sua posição dominante. No entanto, dado o facto de não existir um teste único estabelecido pelo tribunal, a ausência de poder de controlo não deve ser o fator decisivo para tratar a empresa-mãe e a filial como entidades separadas uma da outra. O tribunal deve avaliar o caso na sua totalidade e analisá-lo de um ponto de vista mais amplo, recorrendo a diferentes factores. Na perspetiva atual, estabelecer a separação entre a empresa-mãe e a filial parece ser "irrealista" e "formalista". [138]

Uma vez que o grupo de empresas representa uma simples "agregação das suas entidades

---

[136]Projeto de lei sobre a responsabilidade das empresas de 2003, Reino Unido.

[137] Em alguns casos, pode tratar-se de uma empresa-mãe, e não de uma filial, que pode estar subcapitalizada e, por conseguinte, incapaz de satisfazer os pedidos de indemnização.

[138] W. J. Rands, *Domination of a Subsidiary by a Parent,* Vol. 32, Ind. L. Rev. 421, em 442, (1999).

constituintes",[139] tendo um "carácter paradoxal de multiplicidade e unidade",[140] não é possível provar que não existe qualquer relação entre a empresa-mãe e a filial, na opinião deste autor.

[139] V. Harper Ho, *Theories of Corporate Groups: Corporate Identity Reconceived,* Seton Hall L. Rev., Vol. 42, Iss. 3, Artigo 2, em 880-881, (2012).
[140] G. Teubner, *Unitas Multiplex: Corporate Governance in Group Enterprises,* in REGULATING CORPORATE GROUPS IN EUROPE, (1990).

CAPÍTULO 4

A ABERTURA DO VÉU CORPORATIVO FAZ SEMPRE SENTIDO DO PONTO DE VISTA PRÁTICO?

Os capítulos anteriores tentaram demonstrar a importância do papel que a doutrina do "piercing the corporate veil" desempenha no direito das sociedades inglês, bem como o quão vital é o "piercing the veil" para se conseguir justiça. No entanto, acaba-se sempre por ter de lidar com este problema de um ponto de vista genuinamente prático e compreende-se facilmente que há casos em que o problema do véu da sociedade não pode ser resolvido através do simples levantamento do véu. O problema pode surgir diretamente em caso de existência de um elemento estrangeiro ou de envolvimento do sector dos fundos fiduciários. Por um lado, assim que o litígio ultrapassa as fronteiras da jurisdição de um Estado, as principais dificuldades que se colocam são as causadas pelo "princípio da territorialidade" e a questão da executoriedade das decisões judiciais estrangeiras. Nessa altura, a questão é saber se o levantamento do véu faz realmente sentido se, no fim de contas, a decisão não for executória numa jurisdição onde se encontram os bens do requerido. Por outro lado, no caso de envolvimento de um instituto fiduciário, a maior ameaça que pode surgir é a incapacidade de o credor encontrar os bens protegidos pela relação fiduciária devido à natureza contratual privada deste instituto.

A fim de aprofundar a compreensão dos problemas acima referidos, o presente capítulo ilustrará um exemplo prático. Este exemplo envolve um perigo causado pelo instituto do trust e diz respeito a dificuldades de execução de decisões judiciais estrangeiras.

Ao discutir a estratégia do instituto do trust e as suas consequências negativas, é importante notar que o nexo de trusteeship cria dificuldades para o levantamento do véu corporativo quando o trust é estabelecido dentro das fronteiras do território nacional, bem como quando está sujeito à jurisdição de um Estado estrangeiro. O trust é um veículo importante, útil e legítimo para a gestão de activos e é cada vez mais utilizado para estruturar transacções empresariais.[141] O trust possui e controla os bens em benefício do beneficiário. É o melhor dispositivo para manter em segredo a identidade do infrator. O anonimato do beneficiário da relação fiduciária, que é o verdadeiro proprietário dos bens, é conseguido pelas seguintes razões: dado que a relação fiduciária é uma mera relação contratual entre duas partes, o trust tem uma natureza privada; não existem requisitos de registo, nem registos centrais; não existem autoridades encarregadas de supervisionar os trusts.[142] A fim de traçar um quadro mais claro do sector dos fundos fiduciários e de compreender como os empresários os utilizam como "porto seguro" para evitar a responsabilidade, será apresentado o seguinte caso hipotético como exemplo:

Um gestor de uma empresa altamente rentável, com um historial de crédito muito fiável, celebrou um contrato de empréstimo com um dos bancos situados em Inglaterra, sem ser obrigado a apresentar qualquer titularização.[143] Todos os seus bens estavam também localizados em Inglaterra e, após algum tempo, quando

---

[141] Relatório da OCDE de 2001, The Extent and Means of Misuse of Corporate Vehicles for Illicit Purposes, p. 25.

[142] ZJ., em 25.

[143] Não é muito comum, mas existe uma prática em que os bancos concedem um empréstimo sem exigir qualquer

o gestor não pagou o empréstimo, o banco decidiu obrigá-lo a reembolsá-lo com os bens que possuía. No entanto, com a ajuda de um advogado, o gestor criou o trust nas ilhas de São Cristóvão e Nevis.[144] O único beneficiário do trustee era o próprio gestor. O gestor, antes de não pagar o empréstimo, transferiu a propriedade de todos os seus bens para o trustee e, embora os seus bens imóveis ainda estivessem situados em Inglaterra, passaram a ser propriedade estrangeira. Para além disso, a lei das Ilhas de São Cristóvão e Nevis permitia que um gestor, enquanto beneficiário, fosse protegido dos créditos dos seus credores.[145] Por conseguinte, a única coisa que o credor pode fazer nesse caso para obrigar o gerente a reembolsar o empréstimo é processá-lo em tribunal inglês e pedir o levantamento do véu da sociedade.

Um primeiro grande problema é a impossibilidade de o credor encontrar o trustee para o qual o gestor transferiu os seus activos devido à natureza privada específica da relação de trustee. A principal ameaça de um trust é o facto de dificultar a capacidade de o credor encontrar bens pertencentes aos mesmos beneficiários (pessoas singulares ou colectivas). Os activos encontram-se em qualquer parte do mundo e a tarefa do trust consiste em não dar a conhecê-los a terceiros e, ao mesmo tempo, geri-los corretamente no interesse do beneficiário.

O segundo obstáculo é o princípio da territorialidade. Mesmo que, em circunstâncias excepcionais, o credor consiga descobrir o trustee e provar ao tribunal que o gestor criou o trust com a única intenção de evitar responsabilidades, continua a haver um obstáculo à execução, se os activos forem transferidos para fora do Reino Unido. É quase impossível prever como é que a decisão do tribunal inglês pode ser executada nas ilhas de São Cristóvão e Nevis, a menos que não existam tratados bilaterais entre estas duas ilhas. Além disso, o requerido pode apresentar o forte argumento de que o trust foi estabelecido em conformidade com a legislação das ilhas de São Cristóvão e Nevis, é válido e não pode ser contestado pelo tribunal inglês. No entanto, o problema da execução só existe se os bens estiverem situados na ilha. A jurisdição em que o trust foi constituído não é muito importante, se não existirem activos (acções, bens imóveis, equipamento, edifícios, etc.) nessa jurisdição.

A terceira dificuldade possível pode surgir na seguinte situação: se os activos se encontrarem na ilha de São Cristóvão e Nevis, o credor consegue identificar o administrador fiduciário e inicia um novo litígio na ilha. O facto de um requerente conseguir ganhar o processo e tornar inválidos os trusts não garante necessariamente o acesso aos activos. A razão subjacente a esta situação é que os activos podem, a qualquer momento, ser transferidos para outro "paraíso seguro" por um trust. Mais uma vez, será quase impossível para o credor descobrir para onde fugiram os bens. Em muitas jurisdições, o direito fiduciário reconhece a "cláusula de fuga" nas relações de fideicomisso, o que significa que, após a ocorrência de quaisquer eventos específicos, o fiduciário pode transferir os activos para outra jurisdição, alterando assim a lei aplicável. As circunstâncias típicas que obrigam o trustee a transferir os activos para outra jurisdição são as alterações legislativas, a exigência de divulgação de informações sobre os activos pelas autoridades, etc. A "cláusula de fuga" pode ser

titularização de activos, dependendo do historial de crédito de confiança do devedor.
[144] *A lei de 1996 relativa aos fundos fiduciários de São Cristóvão e Nevis* prevê disposições de proteção dos activos.
[145] Em algumas jurisdições, o administrador não deve cumprir as instruções dadas pelo beneficiário sob coação, que pode ser uma ordem judicial que exija a devolução dos bens.

considerada como uma das fortes protecções para o beneficiário no caso de os credores atacarem os bens do beneficiário. É evidente que, nesse caso, o dinheiro e o tempo despendidos pelo requerente para iniciar um novo litígio em São Cristóvão e Nevis são desperdiçados.

No caso de o requerido não cobrir as suas actividades fraudulentas com o escudo do trusteeship, estabelecido sob jurisdição estrangeira, limitando-se a transferir os seus bens para outro país, o requerente depara-se praticamente com os mesmos obstáculos supramencionados quando se trata da execução das decisões judiciais estrangeiras. Nessa altura, o "princípio da territorialidade" continua a ser uma barreira jurídica no que diz respeito à intervenção na jurisdição estrangeira.

Como já foi referido, se o credor tiver conhecimento de que os activos são ocultados pelo gestor em diferentes países, pode apresentá-lo ao tribunal inglês como prova de que o beneficiário está a ocultar os seus activos em vez de cumprir as suas obrigações através deles. Depois disso, se o véu corporativo for aberto pelo tribunal, uma das melhores ferramentas que pode ser útil para executar a sentença é a Worldwide Freezing Order (WFO). Trata-se de uma ordem que permite ao tribunal inglês congelar os bens do requerido em todo o mundo. De acordo com a Secção 37 da Lei do Supremo Tribunal de 1981:

[O High Court pode, por despacho (interlocutório ou final), conceder uma injunção ou nomear um liquidatário em todos os casos em que lhe pareça justo e conveniente fazê-lo.[146]

Além disso, nos termos da secção 25 da Lei sobre a jurisdição civil e as decisões judiciais de 1982,[147] parte pode solicitar ao tribunal inglês que conceda medidas provisórias quando o processo decorre mesmo fora da sua jurisdição.

No entanto, para executar a WFO fora do Reino Unido, é necessário obter a autorização de um dos tribunais ingleses.[148] Em seguida, deve ser reconhecida e executada pelo tribunal estrangeiro onde se encontram efetivamente os bens. Se o país estrangeiro for um Estado Contratante do Regulamento do Conselho relativo à competência judiciária, ao reconhecimento e à execução de decisões em matéria civil e comercial[149] ou da Convenção de Lugano relativa à competência judiciária e à execução de decisões em matéria civil e comercial,[150], o requerente não pode ser confrontado com dificuldades no que se refere ao reconhecimento ou à execução noutro país europeu. No entanto, o problema mantém-se quando os activos do requerido não estão localizados no Estado contratante das duas convenções supramencionadas.

No passado recente, houve vários casos famosos sobre a execução de ordens de congelamento a nível mundial, como no processo *Motorola Credit Corporation v Uzan (No 2),*[151], em que o Supremo Tribunal suíço executou a WFO do Reino Unido, que foi emitida *ex parte* contra os membros da família turca Uzan. Este processo dizia respeito a uma fraude internacional em que os arguidos, a família Uzan turca, pediram emprestada uma soma significativa de dinheiro à Motorola Credit Corporation e não a reembolsaram.

---

[146] UK Statute 1981 c. 54 Pt II c. 002 s. 37.
[147] 1982, C.27.
[148] No processo *Dadourian Group International Inc & Others v Simms & Others* [2006] EWCA Civ 399, o Tribunal inglês enumerou oito directrizes que tem em conta ao emitir uma ordem de congelamento a nível mundial.
[149] (CE) n.º 44/2001 de 22 de dezembro de 2000.
[150] (SR 0.275.11) de 16 de dezembro de 1988.
[151] [2003] All ER (D) 150 (Jun).

O facto de o incumprimento da ordem de congelamento do tribunal poder ter um efeito perigoso foi ilustrado no processo *Lexi Holdings v Luqman e outros,*[152] , em que o Sr. Luqman não cumpriu a ordem de congelamento emitida pelo tribunal e, consequentemente, foi detido durante 18 meses. A situação foi idêntica no processo *JSC BTA Bank v Solodchenko & Ors*[153] , em que um dos arguidos envolvidos em actividades fraudulentas foi obrigado pelo tribunal a revelar os seus bens e as informações sobre a sua conspiração, a fim de se poderem identificar as suas actividades. No entanto, o arguido violou a regra do cumprimento da ordem e foi condenado a 18 meses de prisão.

Uma das mais recentes e significativas ordens de congelamento a nível mundial em apoio de processos estrangeiros foi emitida em 2008 no processo *Mediterranean Shipping Company v. OMG International & Ors*[154] . Neste caso, uma das maiores empresas de transporte marítimo do mundo, a MSC, solicitou ao tribunal que concedesse a ordem de congelamento mundial contra a empresa chinesa. Este caso dizia respeito a uma fraude efectuada pela empresa chinesa. O tribunal inglês declarou que tinha jurisdição sobre a empresa arguida. O Sr. Justice Walker concedeu a ordem de congelamento a nível mundial, apesar de nem o requerido estar presente no Reino Unido, nem a empresa ter sido constituída no seu território. O fator determinante que levou o Tribunal a conceder a injunção foi a ausência de tentativa, por parte do requerido, de contestar a notificação, com base na jurisdição.

No entanto, deve referir-se que a prisão em si tem pouco valor para o credor. O credor preocupa-se em obter o seu dinheiro/activos do arguido. A prisão pode ser considerada como um mero instrumento para ameaçar o beneficiário a cumprir a WFO ou para o obrigar a cumprir as suas obrigações através desses activos ocultos.

Este capítulo permite identificar que nem sempre é possível obter um resultado efetivo de uma decisão através do simples levantamento do véu corporativo. No caso de envolver o elemento estrangeiro e, por conseguinte, de atravessar as fronteiras de uma jurisdição nacional ou de se envolver meramente com o instituto do trust, pode até encontrar-se maiores dificuldades com a execução da decisão final do que com o levantamento do véu corporativo. De certa forma, o levantamento do véu é um instrumento, mas não o objetivo final do requerente (credor). Trata-se de um passo intermédio para encontrar os activos e executá-los para cobrir a dívida/obrigação do requerido. Se estes objectivos não forem atingidos, o verdadeiro objetivo da supressão do véu da sociedade (fazer justiça e responsabilizar os accionistas pelos seus actos ilícitos) continua a ser inatingível.

---

[152] [2010] All ER (D) 109 (maio).
[153] [2011] EWHC 2163 (Ch), [2012] 1 All ER 735.
[154] [2008] EWHC 2150 (Comm).

CAPÍTULO 5

CONCLUSÃO

O mundo empresarial adquiriu um poder imenso nas últimas décadas. Oitenta por cento da produção industrial mundial é feita por 1.000 empresas[155] e 51 das 100 maiores economias do mundo são empresas.[156] Para além disso, se juntarmos as vendas das 200 maiores empresas, estas serão maiores do que as economias combinadas de todos os países, menos as dez maiores.[157] Um dos principais papéis da capacitação das empresas tem sido desempenhado pela lei da responsabilidade limitada. Este veículo jurídico foi considerado o melhor instrumento para as actividades comerciais das empresas. No entanto, com o apoio da responsabilidade limitada, as mega-corporações que estão a impulsionar a economia mundial exercem quase todos os direitos que um ser humano tem, mas quase não assumem responsabilidades pelos seus actos. Como diz o famoso ditado: "Acreditarei que as empresas são pessoas quando o Estado do Texas executar uma delas".[158] Tendo em conta o seu poder cada vez maior, torna-se crucial encontrar formas eficazes de controlar as empresas. A crise recente mostrou que essas formas ainda não foram encontradas e que a irresponsabilidade das empresas continua a ser uma questão premente em todo o mundo. Nesta investigação, tentei mostrar que um dos principais factores que contribuem para a irresponsabilidade das empresas é o conceito de responsabilidade limitada e o princípio da "personalidade jurídica distinta", também conhecido na jurisdição de direito comum como o Princípio de *Salomon*.

Como afirmou Lord Cooke, "após um século, o princípio de *Salomon* tem e deve ter um vigor tão intacto como a Igreja Católica de Macaulay".[159] Será que temos mesmo de guardar este princípio com tanto vigor? Considera-se que uma sociedade anónima "...não é mais do que um nome para um conjunto complexo de contratos".[160] Assim, se a justiça assim o exigir, dever-se-á ir mais longe para alcançar um fim legítimo. No caso de um dilema entre uma afetação eficiente dos investimentos e a promoção da justiça, o primeiro não pode ser plenamente alcançado se resultar na violação do segundo. Não deveria o tribunal ter ultrapassado a barreira do véu no caso *Adams, em* que uma subsidiária subcapitalizada enviou para o estrangeiro produtos de amianto potencialmente tóxicos? Num dos casos mais recentes - *Chandlers* - o tribunal pôs em causa a decisão de J. Jams, estabelecendo assim a responsabilidade da empresa-mãe em relação à sua filial, mesmo muito tempo depois de esta ter deixado de existir. Embora o processo *Chandlers* tenha limitado relativamente o significado do processo *Adams, é* pouco provável que possa ser efetivamente utilizado contra a abordagem estabelecida no processo *Adams.* De um modo geral, é necessário ter muita coragem e espírito para combater um dos casos mais autorizados que ocupou o seu lugar principal no direito das sociedades inglês durante muitos anos. Este combate para desafiar um desses princípios orientadores não será tão fácil como foi nos casos *DHN*

---

[155] *The Economist,* 29 de janeiro de 2000.

[156] *Instituto de Estudos Políticos,* Top 200: The Rise of Corporate Global Power, 2001.

[157] *Instituto de Estudos Políticos,* Top 200: The Rise of Corporate Global Power, 2001.

[158] Discurso do governador de Montana, Brian Schweitzer: *Brian Schweitzer, John Bohlinger React To Supreme Court Ruling On Political Spending Limits,* disponível em: http://**www.huffingtonpost.com/2012/06/25/brian-schweitzer-supreme-court n 1625154.html**

[159] Rt. Hon. Lord Cooke of Thorndon, Turning Points of the Common Law, em 17, (1997).

[160] F. H. Easterbrook & D. R. Fischel, *Limited Liability and the Corporation,* 52 U. Chi. L. Rev. 89, em 89 (1985).

ou *Gramsci*. Uma das principais razões para isso são as poderosas campanhas de lobbying dos proprietários das megacorporações, que estão a tentar manter a legislação nas linhas corporativas. Embora a responsabilidade limitada seja uma das principais forças motrizes da economia mundial e desempenhe um papel crucial no funcionamento dos mercados, a justiça não deve ser ignorada pela lógica económica. Como afirmam alguns autores, embora "a sociedade necessite de empresas bem sucedidas... atualmente as empresas estão a tomar conta da sociedade",[161] o que não deve ser tolerado.

Os limites da responsabilidade limitada só devem ser mantidos nos casos em que os accionistas e/ou os gestores tenham avaliado todos os riscos potenciais das suas actividades e gerido a sua empresa de forma financeiramente responsável, com um cuidado razoável e devido. Tal deve implicar a consideração de capital suficiente em caso de necessidade de indemnização dos credores. Além disso, deve ser tido em conta o grau de controlo e, consequentemente, deve ser determinado se os accionistas que exercem o controlo abusaram dos seus poderes. As possíveis excepções podem ser acontecimentos imprevistos, como a insolvência ou acções judiciais imprevisíveis. "Não se pode esperar que ninguém se proteja contra os danos causados por acontecimentos que não são razoavelmente previsíveis..."[162] No entanto, em caso de subcapitalização, continua a ser vago como é que os tribunais, ao avaliarem a razoabilidade da decisão do empresário a *posteriori,* podem afirmar que a empresa deveria ter investido mais capital do que o existente ou deveria ter adquirido um seguro de responsabilidade civil mais elevado?[163]

A queixa mais justa sobre a doutrina do veil piercing é que a regra é "longa em retórica e contraditória em princípios gerais, mas curta em raciocínio".[164] Nunca se pode prever os resultados da decisão do tribunal, devido à incerteza e à primazia de diferentes princípios no raciocínio dos tribunais. No entanto, a principal preocupação não deve ser a natureza imprevisível ou não estruturada do levantamento do véu, mas sim a proteção dos credores. A principal força do princípio do levantamento do véu da sociedade reside exatamente na sua ambiguidade. Devido ao fracasso de uma estrutura única, os factores do levantamento do véu da sociedade podem ser esticados e espremidos de forma diferente, com base nos interesses da justiça. Em vez de aderir cegamente ao princípio de *Salomon*, o tribunal deveria antes analisar os casos numa perspetiva mais ampla, protegendo os credores da multiplicidade de "anões industriosos" orientados para o mercado.[165]

---

[161] D. Plesch & S. Blankenburg, *Corporate Rights and Responsibilities: Restoring Legal Accountability,* at 4, (2007).

[162] D. Millon, *Piercing the Corporate Veil, Financial Responsibility, and the Limits of Limited Liability,* Vol. 56, Emory L.J. at 1375, (2007).

[163] *Ver* Millon, nota 162 *supra*, em 1375.

[164] *Ver* Morrissey, nota 52 *supra*, em 542.

[165] M. Staniland, *What is Political Economy? A Study of Social Theory and Underdevelopment,* New Haven e Londres, Yale University Press, em 77-78, (1985).

Printed by Books on Demand GmbH, Norderstedt / Germany